인생을 바꾸는 하루 습관

인생을 바꾸는 하루 습관

발행일   2023년 1월 31일

지은이   김태현
펴낸이   손형국
펴낸곳   (주)북랩
편집인   선일영   편집   정두철, 배진용, 김현아, 윤용민, 김가람, 김부경
디자인   이현수, 김민하, 김영주, 안유경, 최성경   제작   박기성, 황동현, 구성우, 권태련
마케팅   김회란, 박진관
출판등록 2004. 12. 1(제2012-000051호)
주소   서울특별시 금천구 가산디지털 1로 168, 우림라이온스밸리 B동 B113~114호, C동 B101호
홈페이지   www.book.co.kr
전화번호   (02)2026-5777   팩스   (02)3159-9637

ISBN   979-11-6836-717-3 03190 (종이책)   979-11-6836-718-0 05190 (전자책)

(주)북랩 성공출판의 파트너

북랩 홈페이지와 패밀리 사이트에서 다양한 출판 솔루션을 만나 보세요!

홈페이지 book.co.kr   •   **블로그** blog.naver.com/essaybook   •   **출판문의** book@book.co.kr

작가 연락처 문의 ▸ ask.book.co.kr

작가 연락처는 개인정보이므로 북랩에서 알려드릴 수 없습니다.

DAILY

인생을 바꾸는
하루 습관

HABIT

김태현 지음

북랩

‘하루’는 습관의 기본 단위이자 삶의 축소판이다!

‘하루 습관’, ‘메타인지’하라!

‘습관’은 오늘 ‘하루’에 달려 있다! 하루라는 단위는 삶의 기본 단위이자 습관 형성의 기본 단위이다. 하루 습관(루틴, 패턴)을 만들면 삶에 힘이 붙는다.

"습관! 하루에 달렸다!"

일주일 습관 만들기, 30일, 60일, 3개월 습관 만들기, 그 시작은 모두 '하루'다. **하루를 놓치면 습관은 이미 날아간 것이다.** 독서, 학습, 운동, 체중감량 등 매일 1시간씩 하기로 했던 목표를 실행하지 못할 경우 오늘의 1시간은 내일의 2시간, 혹은 그 이상으로 훨씬 더 큰 가치가 있다. 내일은 오늘 못 한 1시간까지 포함하여 2시간 혹은 그 이상의 노력과 마음가짐이 필요하다. 어제 몫까지 하려니 벌써 부담된다. 문제는 내일 또 어떤 예상치 못한 일이 벌어질지 아무도 모른다는 점이다. 오늘 하지 않으면 내일도 못 할 가능성이 크다. 오늘 하지 않은 습관 때문에 내일도 못 할 가능성이 높아진 것이다.

내일도 못 하고 3일째에 한다면 3일치를 한 번에 해야 한다. 3시간이 필요한 것이 아니다. 오늘, 내일 1시간씩 해야 할 것을 3일째에는 한 번에 3시간, 혹은 그 이상의 노력이 필요하다. 심리적인 부담과 집중력 등 모든 것이 몇 배 더 요구되는 상황이 발생한다. 작심삼일은 이렇게 시작된다. 그렇다! 습관은 오늘 하루에 달렸다. 오늘 하루가 습관의 시작이자 끝이다.

"왜 하루일까?"

세상 모든 것에는 기준이 있다. 우리 삶의 기준은 하루다. 하루는 습관의 기본 단위다. 이러한 하루를 위한 습관과 패턴은 내일과 미래의 근간이 된다. 모두가 원하는 것, 되고 싶은 것, 갖고 싶은 것이 있다. 이러한 욕망에 의해 우리는 움직인다. 그래서 계획도 세우고 실천도 하지만 대부분 작심삼일이다. 작심삼일의 연속으로 자존감은 떨어지고 무의미한 삶의 패턴으로 하루하루를 사치스럽고 소홀하게 보낸다. 이는 자신에 대한 소중함을 놓친 하루다. 하루를 의미 있게 보냈다는 것은 자신에게 최선을 다한 하루이며, 하루를 완성했다는 것은 성취감과 자신감을 주고 내일을 기대하게 해주는 것이다. 이 하루라는 단위가 주는 의미가 무엇인지, 왜 하루가 중요한지, 어떻게 하루를 온전히 내 것으로 만들지에 대해서 이 책을 통하여 소통하고자 한다.

학습 계획 등을 비롯하여 여러 분야에서 마감 시간을 못 지키는 경우가 다반사다. 아이러니한 것은 우리 삶도 그렇다는 것이다. 필자 또한 평소 자기계발과 인문학 관련 도서를 즐겨 읽기는 하지만 소양이 부족하여 생활에 큰 영향을 받지는 못했다. 지식 습득과 자기만족 차원에서 접근했던, 수동적인 독서였다.

자기계발, 습관 관리, 시간 관리, 심리학, 뇌 과학 등의 도서를 접하며 '하루'라는 단위에 대해 많은 생각을 하게 되었고, '하루'라는 단위의 중요성을 체득했다. 하루 24시간, 오전, 오후, 저녁이라는 사이클은 생체 리듬과도 부합되는 기본 사이클이다. 이 하루 사이클은 내일도, 모레도 영원히 동일하게 반복된다. 죽을 때까지 반복된다. 정확하고 공평하다. 즉, 하루는 어떤 단위로서 계획하고 체계화시키기 적절한 기준이다.

학습이나 어떤 프로젝트를 진행할 때 단위 계획에 심혈을 기울인다. 조각조각의 단위 계획은 전체 계획의 중간 점검이며, 마디가 되는 중요한 요소다. 우리 삶의 마디는 하루다. 하루는 습관 형성의 기본 단위인 것이다. 이러한 하루를 못 지키면 습관에 금이 간 것이지만, 하루라는 단위를 체계적으로 내 것으로 만들 수 있다면 똑같이 반복되는 내일도, 모레도 보장된다. 그러나 단순한 것 같지만 복병이 있다. 하루 중에도 다양한 외적인 Noise(잡음, 쓸데없는 것, 방해 요소)로 브레이크가 걸린다. 또한 자신도 모르게 나태해지는 내적, 정신적 요소로 인해서 목표했던 것은 점점 멀어지게 된다. 결국엔 흐지부지되고 작심삼일의 연속이 된다. 하루는 나의 것인데 단 하루도 주도적으로 컨트롤하지 못한다는 것은 너무 허무하다. 단 하루다. 못 지키면 습관에 금이 가고 지키면 보장된다. 이 '하루'가 곧 습관의 기초가 되는 기본 단위인 것이다.

"왜 메타인지인가?"

책 속의 좋은 내용들, 즉 머릿속에만 있던 것들을 행동으로 옮기

인생을 바꾸는 하루 습관

고 그 결과를 보고자 실험(?)하게 되었다. 만만하게 생각하고 도전했던 '왼손 글쓰기'는 시작부터 벽에 부딪혔다. **실패로 끝날 것 같았던 왼손 글쓰기는 내 자신을 되돌아보는 '하루 복기'를 시작하면서 실마리가 풀리기 시작했다.** 하루를 돌아보며 '무엇이 문제인지? 해결 방법은 무엇인지?' 자신에게 질문하며 자신과 대화하는 습관이 생겼다. 이 습관으로 하루의 패턴이 바뀌었고 3인칭 시점으로 나를 관찰하는 '메타인지' 습관으로 이어졌다. 하루를 습관화하고 하루하루 변화를 주도하는 데 '메타인지'가 결정적 역할을 했다. 즉, 내가 나를 관찰하는, 내가 나에게 대화를 거는 이 습관이 나를 조금씩 변화시킨 것이다.

지식은 곳곳에 널려 있다. 습득보다 더 중요한 것이 활용과 응용이다. 지식을 자기 것으로 활용하는 능력, 활용과 응용으로 체화하여 새로운 것을 창조하는 능력과 습관을 갖춘 자만이 새로운 시대를 제대로 준비하는 자다. 그렇다면 무엇을 어떻게 준비해야 할까? 빠른 변화에 대응하고 다양한 콘텐츠를 체화하기 위해서는 단단한 **'하루 습관'**이 필요하며, 이 하루를 자기 것으로 완성하기 위해서는 제3자 입장에서 자신을 관찰하는 **'메타인지'**가 필수다. 이것이 자신을 딥러닝하는 도구이자 자신을 변화시키는 핵심이다.

"실험! 실천! 체득!"

이 책은 실천 독서와 하루 완성을 위한 목적으로 습관 만들기 실험을 하면서 겪었던 과정과, 거기서 얻은 것들에 관한 내용이다. 책을 통해 얻은 지식을 행동으로 옮기면서, 즉 체화하면서 배우게 된 것이다. 지식만 쌓으면 무슨 소용이 있는가? 행동으로 경험해야 진짜 지식이 됨을 비로소 조금 깨닫게 되었다.

1장은 하루 습관 만들기 체험에 관한 내용이다. 쉬울 것만 같았던 작은 목표가 작심삼일이 되고, 이를 습관으로 만드는 데 체득한 '하루 복기'와 '메타인지'에 관하여 살펴본다. 2장에서는 왜 하루가 중요한지에 대하여 살펴보고, 3장에서는 하루에도 수없이 발생하는 고비, 난관, 어려움 등에 관하여 살펴본다. 4장에서는 하루를 내 것으로 만들고 습관으로 굳히기 위해 하루를 움직이는 5가지 멘탈, 즉 양질의 도서와 체험을 통해 얻은 '의식 혁명, 열정 혁명, 자기 혁명, 하루 복기 혁명, 메타인지 혁명'에 대해 살펴본다. 그리고 5장에서는 결국 습관은 하루의 변화에서 시작한다는 것, 그리고 이 변화의 핵심 도구이자 이 책의 키워드인 하루 복기와 메타인지에 대해 알아보며 마무리하고자 한다.

마지막으로, '하루'의 중요성에 대해 공감하고, 하루를 지키는 단단한 습관을 만드는 데 필요한 5가지 멘탈 도구가 삶의 변화를 견인하여 성공적이고 행복한 삶을 만들어가는 활력소가 되길 희망한다.

다시 한번 강조한다!

"습관은 하루에 달려 있다!"
"하루는 습관의 기본 단위이자 인생의 축소판이다!"
오늘 하루 패턴을 보면 내일을 알 수 있고,
하루 습관 완성은 '메타인지'가 답이다.
온라인 게임의 캐릭터를 키우듯
현실에서 메타인지로 자신을 관찰하고 업그레이드하라.
가상현실이 아닌 실제 현실에서
자기가 자신을 컨트롤하고 성장시켜라.
이것이 곧 변화의 시작이고 습관에 필요한 필수 요소다.
자신이 자신을 관찰하라!

2023년 1월

오늘 하루는 누구 것인가?

주변을 보라!

사람은 쉽게 변하지 않는다!

1년이 지나도, 3년이 지나도 변화된 사람은 거의 없다!

기회다!

당신만 변하면 된다!

대부분 익숙함에 안주한다.

오늘도, 내일도 어제의 소비적인 패턴으로 살아간다.

오늘 변하지 않으면 내일도 똑같다.

오늘 하루에 모든 것이 결정된다!

목차

2장   왜 하루인가?

3장　블랙 스완 잡는 하루 관리

4장   하루를 움직이는 5가지 멘탈 혁명

5장   변화의 시작, 하루!

시간 관리, 습관, 심리, 뇌 과학 등 여러 도서를 읽고
습관 만들기에 도전해보았다.
펜글씨 책을 왼손으로 쓰는 도전이었다.
하루 15분 정도 필요한 분량이다.
30일에 끝낼 분량을 100일 걸려서 겨우 완성했다.
만만하게 여기고 시작했지만 실패를 거듭했다.
그러나 뜻하지 않게 하루 복기를 하면서 메타인지를 하게 되었고
이것이 습관을 만드는 데 필수라는 것을 체득하게 되었다.
하루 복기와 메타인지를 하면서 비로소
'왼손 글쓰기' 습관이 완성되었다.

1장

하루 습관 도전, 메타인지
- 실천 독서

의문의 하루

"했어야 했는데…"

"할 수 있었는데…"

"나도 하려고 했었는데…"

"그때 그거라도 해볼걸…"

하루의 가치

많은 사람이 후회를 하면서 살고 있다. 우리는 항상 지나고 나서야 아쉬워하고 후회한다. 각자마다 욕망과 꿈, 포부도 있고 계획도 있지만 자신이 원하는 한 가지에 집중하지 못하고 세상의 유행과 주변에서 좋다고 하는 관심 분야에 휩쓸려 여기저기 기웃거린다. 이것도 해보고, 저것도 해보고 시도는 많이 하지만 대부분 작심삼일의 연속이다. 뒤를 돌아보면 삶의 발자취는 방사형이 되어 있다.

뭔가 많이 한 것 같긴 한데 항상 제자리 느낌이다. 오늘 한 발, 내일도 한 발, 모레도 한 발…. 쉬운 것 같은데 이 한 발이 왜 이리 어려울까?

"오늘을 붙들어라! 되도록 내일에 의지하지 말라! 그날그날이 일 년 중에서 최선의 날이다."

에머슨의 말처럼 오늘 하루는 우리에게 주어진 최선의 날이다. 오늘을 허투루 보낸다면 인생을 낭비하는 것과 같다. 미래는 없다. 매일 새롭게 시작되는 하루가 곧 인생을 성공으로 이끌어주는 발판이 될 수도 있지만, 실패의 구렁텅이로 빠지게 하는 원인도 될 수 있다. 당신에게 중요한 것은 바로 오늘 하루를 어떻게 보내느냐 하는 것이다.

하루라는 사이클은 단순한 듯하지만 신비롭고 절묘하다. 매일 똑같이 반복된다. 우리는 이러한 단순함을 특별하게 생각하지 않는 경향이 있다. 매일매일이 새로운 시작이다. 목표한 곳을 정조준하고 하루하루를 정복하면 성취감과 자신감이 쌓인다. 자신감은 자신을 성숙시키고 최종 목표까지 이끄는 씨앗이 된다. 이 씨앗을 매일 관리하는 인생, 하루를 주도적으로 관리하는 인생이 최고의 삶이다. 제대로 된 하루 관리는 인생 최고의 성공 도구인 것이다. 오늘 변하는 사람, 오늘 행동하는 사람, 오늘 실천하는 사람만이

인생을 바꾸는 하루 습관

삶을 바꿀 수 있고 인생을 성공으로 이끌 수 있다.

하루에도 매 순간 난관이 찾아오지만 무슨 일이든 고난을 극복하고 꾸준히 하면 갑자기 변화가 생기는 시점이 온다. 매일매일 공급되는 24시간, 바닥이 보일 때까지 아낌없이 다 쓰자. 오늘 하루 24시간을 효율적으로 활용하면 당신이 원하는 목적지에 도달할 수 있고 꿈을 달성할 수 있다. 하루가 그 시작이고 하루에 인생 모든 것이 달렸다.

하루 관리

그렇다면 어떻게 해야 이 하루를 낭비하지 않고 최대 효율로 쓸 수 있을까? 시간을 가치 있게 사용해야 한다는 것은 누구나 알고 있지만 말처럼 그렇게 쉽게 되지는 않는다. 스스로에게 질문해보자. 나의 지금 이 시간을 가장 가치 있게 쓰는 방법은 무엇인가? 필자 또한 평범하고 게으른 사람 중에 하나다. 그래서 실험을 시작했다. 성공 가능성이 높은 가벼운 목표를 찾았다. 약간의 난이도가 있어야 동기도 부여되고 지속 가능하다는 것을 책에서 접한 바가 있었다. 도전 목표로 찾은 것은 '왼손으로 글쓰기'였다. 이 작은 습관의 힘을 지렛대 삼아 나를 변화시키고자 했고, 하루를 위한 습관을 만드는 데는 단단한 멘탈이 필요함을 알게 되었다. 미리 결론부터 말하면, 하루 복기와 메타인지(자기 인식, 자기 관찰, 자기 컨트롤)를 하게 되면서 습관이 완성되었다.

'왼손 글쓰기'를 매일 실천하기 위해 마음가짐을 준비했다. 습관 만들기 도서에서 공통으로 강조하는 자극, 반복, 보상의 3가지와 끈기를 염두에 두었다. 의식을 강화하고 동기를 부여하고 자신과의 약속을 지키는 것으로 마음을 무장했다. 그러나 3일 만에 실패하였다. 신기한 작심삼일이 필자에게도 나타났다. 정확하게 3일 만에 실패 이후 재시도했지만 다시 실패하였다. '왼손 글쓰기'가 너무 높은 목표였나? 자문해가며 실패에 대한 이유를 찾기 위해 고뇌를 반복했다. 복기를 해본 것이다. 하루하루를 되돌아보기 시작했다. 나의 하루는 제대로 된 하루였는가? 하루도 제대로 못 하면서 어떻게 미래를 보장할 수 있을까? 하루를 마감하는 저녁에 복기를 하면서 스스로에게 던진 질문은 자신을 돌아보게 되었다. 점점 생활화되어갔고, 이는 평상시의 자기 관찰로 이어지게 되었다. 이 문장이 이 책의 핵심 문장이다. 하루를 복기하는 습관은 평상시 자기를 관찰하는 메타인지 습관으로 자연스럽게 이어졌고, 다시 도전한 '왼손 글쓰기' 습관이 비로소 완성되었다.

하루 습관에 필요한 것

　이 과정에서 얻은 것은 다음과 같다. 하루를 제대로 완성하고 습관으로 만들기 위해 의식적인 의식, 동기(열정, 의욕), 자기와의 약속, 하루 복기, 메타인지의 5가지 요소가 필요하다. 이 5가지에 우선순위는 없다. 서로 연관되어 있다. 핵심은 하루 복기와 메타인지다. 물론 필자의 경우에 그렇다는 것이다.

　이미 많은 도서에 습관을 만들기 위한 양질의 정보가 많이 있다. 필자 역시 여러 분야 책의 도움으로 습관을 시도해보았지만 번번이 실패하였다. 어떤 독자는 이러한 양질의 도서 1권으로 습관을 완성하여 삶이 변한 경우도 있을 것이고, 여러 권의 도서를 섭렵해도 안 되는 독자도 있을 것이다. 필자가 그랬다. 습관에 도전하기 전에 수십 종의 도서를 읽고 준비했지만 작심삼일로 실패했다. 결과에 대해 자학한 건 아니지만 스스로에 대해 실망도 컸고 원인을 찾다가 운 좋게 하루 복기와 메타인지를 하며 생활이 바뀐 것이다.

　매일 저녁 하루를 어떻게 보냈는지 복기해보라. 분명 후회스럽고 실망스러운 부분이 있을 것이다. 있어야 정상이다. 완벽할 수 없다. 자기계발 도서에 언급된 대부분의 성공한 자, 위인 모두 부족함 투성이었다. 실패의 연속이었다. 큰 차이점이 있다면 하루를 놓치지 않았다는 것이다. 꾸준히 움직였고 복기로 자신을 돌아보고 평상시 자기 관찰로 하루하루를 자기 것으로 만들었다. 당신도 움직이면 된다.

'했어야 했는데… 나도 할 수 있었는데… 나도 하려고 했었는데… 그때 그거라도 해볼걸…'에서 이제 당신도 지금 하면 되는 것이다. 그 시작이 하루다. 그 끝도 하루다. 그날그날이 일 년 중에서 최선의 날이다. 오늘을 붙들고 내일에 의지하지 말라는 에머슨의 말을 다시 상기해보라.

의문의 하루

✦ 하루는 매일매일 똑같이 반복되며, 단순한 듯 보이는 사이클이다. 너무 단순하고 당연하게 찾아오는 하루, 그래서 더 하찮게 보이는 하루, 그런 하루를 아무 생각 없이 흘려보낸 결과는 후회와 미련으로 찾아온다.

✦ 매일매일이 새로운 시작이자 기회다. 오늘 하루를 붙잡는다면 후회를 최소화할 수 있고 습관을 만들 수 있다. 습관은 시간과 삶 전체를 효율적으로 완성시키는 추진력이다. 그러나 하루의 중요성과 습관의 힘을 아는 것만으로는 부족하다. 제대로 된 하루, 제대로 된 습관을 형성하기 위해 필요한 것은 무엇인가?

왼손 글쓰기
습관 도전

성공이란 한 사람이 정해놓은 목표이며,

목표를 위한 실천을 하면서

그 목표가 점점 실천으로 변해가는 과정이다.

- 글렌 블렌드

새로운 습관 도전, 왼손 글쓰기

시간에 대한 중요성과 습관 형성에 관해 도움을 받고자 수십 종의 시간 관리 도서와 습관 관련 도서를 읽어봤지만 생활에 녹아들지 않았다. 여러 종류의 자기계발 관련 도서를 더 읽고 습관 관리, 시간 관리, 성공 관련 도서도 더 많이 읽었다. 심리학, 뇌 과학 등도 읽어봤지만 결과는 크게 달라지지 않았다. 책이 이해는 되었지만 체화되지는 않았다. 책을 읽은 효과로는 지식을 얻은 것뿐이었다. 아는 것과 행동하는 것은 별개의 것이란 것을 다시 확인한 것뿐이었다.

그래서 시도해보았다. 과연 목표를 달성할 수 있을지, 목표를 달성하면 무엇이 좋은지, 습관이 만들어질지, 습관으로 만들려면 무엇이 필요한지, 습관이 형성되면 무엇이 좋은지 직접 시도해보기로 한 것이다. 시간 관리 도서들을 보면 시간 계획 짜는 법, 시간 활용법 등 좋은 내용들이 많다. 습관 관리 도서들도 동기부여 방법, 마음 자세 등 여러 종류의 성공 사례와 실패 사례의 문제점 등과 관련하여 좋은 내용들이 많다. 그러나 그대로 따라 하지 않았다. 수동적으로 따라 하는 것은 습관으로 자리 잡지 못할 것 같다는 생각이 들었다. 그래서 책 속의 좋은 내용들만 뽑아서 나의 생활 패턴에 맞게 나만의 방법으로 내가 하고 싶은 것을 찾고 실행에 옮겼다.

'왼손으로 글쓰기'를 도전해보기로 했다. 글쓰기 책을 준비하고 왼손으로 글쓰기 습관을 만들어보기로 했다. 유사시 왼손을 사용하는 것, 그리고 뇌를 훈련하기 위한 목적이었다. 목표는 하루 1페이지 분량, 15분 정도의 시간으로 매일 하는 것이었다. 당연히 끝까지 완료하는 것을 목표로 했다. 수많은 자기계발서의 지침대로 목표를 작게 정하고 동기도 부여했다. 목표 달성 시 왼손으로 자연스럽게 글을 쓰는 모습을 상상했고, 뇌가 성장할 거라는 기대감으로 충만했다. 왼손으로 자연스럽게 글을 쓴다는 즐거운 상상으로 기분도 상승시켜 마음의 준비를 잘 갖추고 시작만 하면 되는 상황을 만들었다.

작심삼일

그러나, 만만하게 봤던 이 작은 목표는 초반에 실패하였다. 결국 재도전 끝에 달성했고 습관도 만들어졌지만 그 과정은 결코 순탄치 않았다. 다음과 같이 38페이지 분량의 작은 책을 왼손으로 쓰는 데 38일이 아닌 119일이나(공개하기 창피한 결과다) 걸린 것이다!

왼손 글쓰기 예상 목표일	38 페이지 분량, 38일 후 완료 목표
왼손 글쓰기 실제 완료일	38 페이지 분량, 119일 후 완료
2021년 7월 19일 ~ 2021년 11월 14일	

왼손 글쓰기는 처음부터 버거웠다. 안 하던 것을 하니 뇌가 거부하는 듯했다. '뇌는 새로운 것을 시도할 경우 평상시보다 더 많은 에너지를 필요로 한다'라는 뇌 과학과 심리학 내용의 말이 맞는 것

같았다. 왼손으로 연필 잡기도 익숙하지 않았고 한 글자 한 글자 집중해도 글이 잘 써지지 않았다. 꾀가 생겨났다. 결국 며칠 못 가서 매일매일 하지 못하는 사태가 발생하게 되었다.

첫 시작일이 2021년 7월 19일이었다. 7월 21일까지 3일 연속 쓰고 습관이 멈추어졌다. 작심삼일이었다. 신기한 결과였다. 당연한 결과인가? 진짜 3일 만에 멈춘 것이었다. 이후 7월 27일, 7월 29일 이틀 실천했고, 8월엔 실천한 날이 3일에 불과했다.

그동안 수많은 책과 시간을 투자한 결과가 고작 이것인가? 나라는 존재에 의심이 생겼다. 별수없는 평범한 사람임을 다시 확인했다. 하지 말까? 괜히 했나? 열정 부족인가? 의욕이 많이 떨어졌다. 뇌가 자리 잡기까지, 뇌가 의식하지 않고 무의식적으로 자연스러워질 때까지 어쩔 수 없는 과정으로 봐야 되는 걸까? 기존에 없었던 새로운 무엇을 시도할 때, 뇌는 새로운 시스템을 만드는 데 많은 에너지를 필요로 한다고 한다. 그래서 뇌는 새로운 것을 쉽게 받아주지 않는다. 심리학 및 신경과학, 뇌 과학 사례에서 밝힌 것처럼 진정한 그릿, 즉 노력과 끈기가 필자에게 부족했던 것도 원인 중에 하나였다. 또 뇌는 최적의 신체 유지, 즉 생존을 위해 에너지를 효율적으로 사용하려 한다는 이론도 원인 중에 하나였다고 볼 수 있다.

그렇다면 나의 생각, 내가 하고자 하는 것을 내 마음대로 하지 못한다는 것인가? 내가 나의 뇌를 내 맘대로 컨트롤하지 못하는 걸까? 뇌가 나를 거부한 걸까? 뇌의 허락을 받아야 되는 건가? 뇌가 받아줄 때까지 겸손한 자세로 참고 계속 요청해야 되는 건가? 뭐 이런 뇌가 다 있는가? 뇌는 내 것이 아니라 다른 누군가의 소유물인가?

뜻밖의 수확

기가 차기도 하고 약도 올랐다. 뇌가 이기나, 내가 이기나 계속 도전해보기로 마음을 다시 가다듬었다. 의식과 행동에 관해 책에서 얻은 지식을 활용했다. 의식을 전환하고 뇌를 달래가며 계속 시도했다. 하기 싫을 땐 일단 하기 싫은 생각을 의식하고 한 번 더 해보자는 의식으로 재무장(?)했다. 하기 싫은 의식이 강할 땐 아무 생각 없이 행동으로 밀어붙였다. 물론 행동도 의식의 결과다. 일단 책상에 앉아서 글쓰기 책을 펴고 왼손으로 한 글자 한 글자 써내려갔다. 1분만 써보자, 1분만 더 써보자. 결국, 10월 초부터 마음을 다시 잡고 쓰기 시작했다. 이후 하루도 거르지 않았고 11월 14일에 완료되었다. 40페이지 정도의 분량을 약 120일 동안 끌고 왔던 것이다. 책의 마지막 페이지를 썼던 날에는 표현하기 어려운 감정이 올라왔다. 뭐 대단한 거라고 이런 감정이 올라오는 건지 멍했다. 해냈다는 성취감도 있었지만 40일에 끝낼 일을 120일, 3배수나 걸려서 끝낸 자신에 대한 반성 등 복합적인 감정이 뒤섞여 올라왔다.

별것도 아닌 것 같았던 왼손 글쓰기, 가볍게 시작했던 왼손 글쓰기였다. 난이도도 높지 않았고 하루 15분 정도만 투자하면 되는 도전이었다. 그야말로 '이 정도쯤이야' 하며 가볍게 시작한 도전이었다. 쉽게 끝날 줄 알았지만 보기 좋게 실패로 시작된 것이다. 중간중간 그만둘 생각을 여러 번 했었다. 나에게 큰 이득이 있는 것도 아니고 누가 알아주는 것도 아니다. 그렇다고 상을 받는 것도 아니다. 그러나 우연이라고 해야 할까, 내 자신을 실망시켰던 작심삼일과 실패는 약이 되었다. **하루를 돌아보며 '어떻게 하면 완료할 수 있을까?'라는 질문에서 '왜 못 하고 있는 거지? 이것조차 못 하는 나였나?'라는, 내 자신에 던진 질문이 전환점이 되었다. 이는 다시 내가 나를 3인칭 시점으로 관찰하는 메타인지로 이어졌다.** 이후로는 하루도 거르지 않고 완료하게 되었다. 이것이 아니었다면 더 오래 걸렸거나 실패로 끝나 묻혀버릴 수도 있었다. 그렇다! 하루를 돌아보는 하루 복기를 하며 내 자신에게 던진 작은 질문이 나를 다시 움직이게 했다. 이는 평상시 나를 관찰하는 메타인지 습관으로 이어졌고 나의 생활 패턴과 사고방식을 완전히 바꾸어놓았다. 이것이 변화의 시작이었다.

왼손 글쓰기 습관 도전

✦ 작은 실천이라도 습관으로 자리 잡기가 쉽지 않다. 누가 알아주는 것도 아니고 보상이 있는 것도 아닌 목표는 더 그렇다. 강제성이 낮은, 순수하게 자기와 한 약속은 더욱더 그렇다. 지키지 않아도 누가 뭐라 할 목표가 아니었다.

✦ 이것조차 못하는 나였나? 스스로에게 던진 질문으로 시작한 하루 복기는 나를 관찰하는, 메타인지라는 새로운 습관으로 확대되었다.

✦ 하루 완성을 위해 단단한 습관이 필요하고 습관을 만드는 데는 자기 관찰이 필요하며 자기 관찰은 자기와의 대화, 즉 자신에게 던지는 질문에서 시작된다. 이것이 변화의 시작이다.

하루 복기,
메타인지로 습관 완성

타인의 결점은 우리들의 눈앞에 있고,

우리들 자신의 결점은 우리의 등 뒤에 있다.

- 루카우스 안나이우스 세네카

오늘 하루는 어땠는가?

7월에 시작한 '왼손 글쓰기' 습관이 몇 차례 실패 후 흐지부지 되어가던 중이었다. 자신에 대한 실망감이 컸지만 10월 초부터 하루 복기를 시작했다. 기상부터 취침 전까지의 시간 사용 내역과 그날 하루의 감정, 느낌, 다른 사람과 있었던 일, 업무적인 일, 미래 생각, 주변 생각, 독서 내용 등 여러 가지에 대해서 돌아보게 되었다. 하루 복기를 진행하다보니 나의 하루 패턴이 보이기 시작했고 나 자신을 3인칭 시점으로 보는 시각이 생겼다. 앞서 이야기했지만 왼손 글쓰기가 마무리된 결정적 계기가 바로 하루 복기와 메타인지의 힘이었다.

처음 시작한 하루 복기에서는 무엇을 쓸지 망설여졌다. 일반적인 일기와는 조금 다르게 나의 하루에 대한 평가, 조금 거창하게 성찰(?)이라고 생각하니 부담감이 밀려왔다. '이 글을 누군가 나중에 본다면 나의 생활 패턴과 생각이 모두 드러나는 것인데' 하는 걱정도 생겼다. 또한 내가 나를 돌아보려고 하니 너무 어색했다. 하루 동안 있었던 나의 생각들, 나의 말투, 상대에게 했던 나의 언행 등을 차마 글로 기록할 수 없었다. 내가 나를 살핀다는 것이 생각보다 쉽지 않았다. 어떻게 써야 할지도 낯설었지만 더 망설여지고 힘들었던 것은 내가 나를 들여다보고 그것을 꺼내어 다시 생각하고 글로 표현함으로써 나의 치부가 드러나기도 하는 그런 과정 자체가 힘들었다. '나에게 솔직해지자'라고 다짐하고 또 다짐했다. 일단 시작했고 하루, 이틀 계속 조금씩 기록하다 보니 종류도 다양해지고 점점 과감해져갔다.

오늘 하루 어땠는지 내 자신에게 질문도 해보고, 읽었던 책 내용과 자신의 생각도 정리해서 기록했다. 하루 중에 관계했던 사람들과의 상황을 다시 되짚어보고, 주고받은 말 중에 과한 것은 없었는지도 다시 생각하게 되었다. 일상에 대한 모든 것을 생각하고 기록하고 느끼기 시작했다. 그런 상황이 향후에 또 벌어지면 다르게 대처해야겠다는 반성도 있었고 이를 기반으로 미래도 생각하게 되었

인생을 바꾸는 하루 습관

다. 행한 것을 생각하고 생각한 것을 기록하고 기록한 것을 생각하는 과정이 반복되었다.

변해버린 하루 패턴

하루 복기를 하면서 생활 패턴도 바뀌었다. 예를 들어 사람을 만나 대화할 때나 일할 때 하루 복기와 메타인지가 작용했다. 마음 속으로 '조금 더 객관적으로, 조금 더 상대 입장에서'라는 사고의 틀이 조금씩 자리를 잡아가게 되었다. 여기에는 '하루 복기'를 좀 더 좋은 내용으로 채워보고 싶은 욕심도 작용했다. 또한 책을 읽을 때도 수동적인 지식 습득보다는 책 내용과 내 생각을 비교하는 패턴이 생겼다. 행동할 때, 말을 할 때, 사색할 때 3인칭 시점으로 나를 보는 습관은 처음엔 어색해도 익숙해지면 재미가 붙는다. '내가 지금 무엇을 하고 있는 거지? 잘하고 있는 건가? 더 좋은 방법은 없을까? 그런 생각을 왜 하고 있는 거지?' 등등 내 자신을 3자 입장에서 관찰하며 흐트러질 때는 제자리로 돌려놓고, 때론 칭찬도 한다. 매일 저녁 하루 복기를 하는 습관이 평상시 메타인지로 이어진 것이다. 실제 상황에서 문제라고 판단하고 대처했던 것들이 막상 지나고 나서 돌아보면 별것 아니었던 것이 많다. 이러한 상황을 대하는 태도가 메타인지를 통해 실시간으로 처리되고 있는 것이다. 문제라고 판단되면 이것이 진짜 문제인지, 무엇이 문제인지 다른 각도에서 보는 시야가 생긴 것이다. 어떤 일을 시작할 때나, 그 과정 중에도 관찰하는 습관이 생겼고 끝내고 나서도 돌아보는 습관이 생긴 것이다. 일상생활의 패턴이 바뀐 것이다.

벤저민 프랭클린의 경우도 매일 하루 복기를 실천하였다. 필자도 하루 복기와 메타인지를 하면서 사물이나 어떤 현상을 보는 의식이 바뀌었다. 객관적 관찰에 대한 경험은 또 다른 재미와 변화를 느끼게 해주었다. 당연히 내가 바라보는 관점이 정답이 될 수는 없다. 소위 말해서 고집과 편견을 버리고 상대의 입장을 생각하며 사물과 현상에 대한 본질을 보고자 노력하는 의식이 조금 생긴 것이다. 보이지 않는 이득을 얻은 것도 있다. 객관적인 관점이다. 이로 인해서 내면, 즉 마음이 많이 잔잔해졌다. 조급함이 줄었고 차분함이 더 늘었다. 보는 시각이 달라지니 말과 행동이 변화되었다. 그렇다고 필자가 대단해진 건 아니다. 기존에 좋지 않았던 것들이 꺼내져 정리가 좀 된 것뿐이다. 더 큰 이득은 '왼손 글쓰기' 하나조차 제대로 못 하는 나 자신을 바로 세운 것과, 생각이 변화된 것, 그것이다.

하루 복기, 메타인지 특징

하루라는 시간을 보낸다는 것은 나와 상대, 나와 일, 나와 책 등 나를 기준으로 주변과 실시간으로 대응하는 긴박한 상황의 연속이다. 이러한 실제 상황에서는 순간 판단과 감정 컨트롤 등에 있어서 실수도 발생하고, 잘못된 언행으로 상황이 의도하지 않은 방향으로 흐르기도 한다. 또한 집중하지 못하고 자기도 모르게 흐트러지는 경우가 다반사다.

그러나 **제3자, 객관적인 관찰자 시점으로 다시 돌려보는 하루 복기는 매우 여유로운 시점이다. 또한 전후 상황을 알고 있는 상태이니 무엇이 잘되었고 잘못되었는지 그 당시의 앞뒤 맥락과 흐름을 파악할 수 있게 해준다.** '그때 이렇게 했어야 좋았었네… 다음엔 이렇게 말하고 저렇게 행동하는 것이 좋겠다. 내가 봐도 그건 잘한 것 같다' 등등 내가 나에게 지시하고 대화하는 습관이 형성된다.

하루 복기와 메타인지의 특징은 무엇일까? 변화다. 변화는 어디서 시작되는가? 질문에서 시작된다. 즉, 자신에게 던지는 질문, 자기와의 대화에서 시작된다. 이는 내면, 즉 **멘탈을 키우는 최고의 도구다.** 앞서 말했듯이 객관적 관점을 갖게 되며 자신에게 솔직해진다. 자신이 아는 것, 모르는 것, 약점, 강점 등이 하나둘 파악되기 시작한다. '왜 하고 있는가? 제대로 하고 있는가? 무엇을 위해 하는가? 무엇을 하고 싶은가?' 등등 **자기가 자신에게 대화를 거는**

습관이 생겨난다. 이러한 습관, 즉 자신에게 질문하고 대화를 하는 것이 곧 하루를 제대로 완성하고 습관을 만드는 핵심이다. 이 도구가 하루 복기와 메타인지다.

하루 복기, 메타인지로 습관 완성

✦ '모든 문제는 내 안에 있다'라는 말을 접해봤을 것이다. 자신과의 대화, 자신에 대한 관찰이 곧 모든 문제를 해결하는 열쇠다. 이 열쇠가 바로 하루 복기와 메타인지다.

✦ 자신을 관찰하다 보면 객관적 관점이 늘어난다. 관점이 변하면 패턴이 변한다. 패턴이 변하면 비로소 변화가 시작된다. 즉, 새로운 자신이 만들어진다.

✦ 자신에게 던지는 질문으로 자신을 관찰하는 하루 복기와 메타인지는 하루하루 변화를 이끄는 최고의 성장 도구다.

오늘 하루는
누구의 것?

우리는 다른 사람과 같아지기 위해

삶의 3/4을 빼앗기고 있다.

- 쇼펜하우어

'오늘 하루가 내 생애 마지막이다'보다는, '오늘 하루가 내 생애 새로운 시작이다'라는 두근거림으로 오늘 하루를 시작하라!

누구나 자신만의 고유 색깔이 있다

자연을 보자. 슈만 공명 주파수로 밝혀진 지구 주파수는 7.83Hz 이다. 지구도 자신의 고유 진동을 발산하며 매일매일 한 바퀴씩 어김없이 자전한다. 때가 되면 천둥 번개와 비를 내리고, 거대한 지면도 움직이며 화산을 폭발시키기도 한다. 더불어서 나무, 새, 동물 등 자연이 살기 위한 터를 만들어주고 있다. 지구에는 수많은 나무의 종류가 있으며, 각각의 나무도 외형적으로 자랄 만큼 자라면 그 이후부터는 자연의 변화에 순응하고 때론 저항하며 존재한다. 우리는 수백 혹은 수천 년 된 소나무를 경이로운 존재로 여긴다. 자신의 색깔을 버리지 않고 수많은 변화와 어려운 상황을 꿋꿋하게 견디어냈기 때문이다.

의지 없이 이 지구에 던져진 우리도 지구라는 테두리를 벗어날 수 없다. 자연과 더불어 살아가는 우리에게도 자신만의 고유 주파수가 있다. 자신만의 고유 성향, 자신만의 고유 캐릭터가 그것이다. 육체적인 성장은 한계가 있지만 정신적인 성장에는 한계가 없다. 그러나 자신의 고유 성향, 고유 캐릭터를 놓는 순간 정신, 영혼이 빠진 육체만 남게 된다. 더 이상의 성장은 없다.

세상의 유혹에 정신줄을 놓고 사는 이가 많다. 세상의 프레임에 휩쓸려 자신을 잃어버린 하루를 보내는 이 또한 많다. 타인의 색깔이 부러워 자신의 색깔을 타인에 맞추려는 이 또한 많다. 자신의 색깔을 변질시키는 행위다. 단풍나무가 소나무가 될 수는 없다. 자신의 색깔, 자신의 고유 주파수를 키워 세상에 발산해야 한다. 세상을 찌를 듯한 송곳 같은 날카로움으로 자신의 고유 캐릭터를 성장시켜야 한다. 낭중지추(주머니 속에 있는 송곳을 뜻하며, 재능이 있는 사람은 숨어 있어도 저절로 세상에 드러난다는 뜻)가 그것이다.

자신의 고유 색깔을 찾자

우리 모두는 태어나기 전에 이미 체계가 잡혀 있는 사회 시스템 속에서 살고 있다. 이 사회의 프레임이 합리적이지 않더라도 불평할 필요 없다. 지구에 존재하는 자연이 버텨내듯 우리도 이 사회에 순응하고 때론 저항하며 자신의 존재를 키워가야 한다. '타인을 의식하지 말고 세상의 유행이나 프레임에 갇히지 말아야 한다'라고 많은 이들이 강조하고 있다. 이 사회의 프레임은 계속 변하고 있고 그 프레임에는 다양한 기회가 있다. 이 사회를 이끌어온 자들, 성공자라 표현하고 앞서간 이들이라 표현하는 많은 사람들의 사례들이 스포트라이트를 받고 있다. 그 사회의 틀에서 그들만의 색깔을 잘 표현한 결과이다. 우리는 그들에게서 많은 동기를 부여받는다. 그들의 공통점은 무엇이며 하루를 어떻게 살아야 하는지는 자기계발, 심리, 철학, 역사 등 수많은 책과 콘텐츠에 이미 힌트가 나와 있다.

반면에 삶은 힘들고 고통의 연속이라 한다. 자신과의 싸움이라고도 한다. 당연하다. 사회가 원하는 속성, 사회가 원하는 방향으

인생을 바꾸는 하루 습관

로 나를 만들려고 하니 힘들 수밖에 없다. 자아는 원하지 않는데 사회가 원하는 방향에 맞추려고 하니 자신과의 싸움이 되고, 힘들고 고통스러울 수밖에 없다. 그러니 자신만의 고유 색깔을 찾고 키워가야 한다.

삶의 목적은 무엇인가? 자신의 길을 선택하는 것이다. 선택엔 책임이 따른다. 선택에 대한 두려움과 불안도 따라온다. 때문에 선택하기보다 선택되어지길 선호한다. 선택되어지기 위해 스펙을 쌓는다. 선택되어진 후에도 그 틀 안에서 다시 선택되기 위해 경쟁을 한다. 선택되어지는 삶은 이러한 틀에 편승하는 삶이다. 그런 삶이 아닌 선택하는 삶, 그것이 오늘 하루를 자기 것으로 만드는 삶이다. 그것이 삶의 목적이자 자신의 색깔을 찾는 길이다.

당신은 당신의 색깔이 있는가? 앞서 자신을 객관적으로 관찰하는 메타인지를 강조했다. '무엇을 하고 싶은지? 무엇이 되고 싶은지?' 자신과 대화하며 스스로에게 던지는 질문이 필요하다. 자신이 자신에게 던진 질문에 답할 때 두근거리는 것이 있다면 그것이 당신일 가능성이 높다. 그 가능성이 당신을 훗날 경이롭게 만드는 씨앗이다. 단 하루도 그 씨앗을 놓지 마라. 단 하루도 흔들리지 말고 꿋꿋하게 견뎌내라. 나무처럼 말이다.

그 가능성을 완성시키는 첫발이자 최소 기본 단위가 오늘 하루다. **'오늘 하루가 내 생애 마지막이다'보다는 '오늘 하루가 내 생애 새로운 시작이다'라는 두근거림으로 오늘 하루를 시작하고 완성**

하라. 오늘 심은 작은 씨앗이 이 세상 프레임에서 스포트라이트를 받는 그 씨앗이 된다.

다시 묻는다! 오늘 하루는 누구의 것인가? 하루를 낭비하지 않고 잘 살아낸 사람, 바로 당신의 것이다. 하지만 하루를 허투루 쓰고 낭비한 사람들에게는 하루가 자신의 것이 아니다. 하루를 온전히 내 것으로 주도한다면, 하루가 주는 성공의 힘을 느낄 수 있을 것이다. 명심하자! 당신의 색깔을 희석시키는 하루가 아니라 농도를 더 진하게 하는 하루여야 한다. 하루에 모든 것이 달렸다. 하루가 인생 그 자체다. 절대 하루를 낭비하지 말고, 허투루 쓰지 말자. 오늘 하루는 당신 것이다!

오늘 하루는 누구의 것?

✦ 누구에게나 자신의 고유 성향과 색깔이 있다. 오늘 하루 자신의 색깔을 놓아버리면 자신이란 존재가 없는 하루를 보낸 것이다.

✦ 오늘 하루가 당신 생에서 새로운 시작이다. 그 하루에 당신의 색깔을 더 진하게 뿌려라. 당신 인생에 타인의 색깔을 뿌리지 마라. 오늘 하루는 당신의 것이다.

하루란 어떤 의미인가?

오늘이 내 삶의 마지막인가?

오늘이 내 삶의 새로운 시작인가?

낭비 vs 기회

인생은 시간의 낭비에 의해 더욱 짧아진다.

- 새뮤얼 존슨

하루하루를 어떻게 보내는가에 따라

우리의 인생이 결정된다.

- 애니 딜러드

죽음 직전에 깨달은 것

"멈추시오!"

사형수들을 향해 총을 겨누고 있던 바로 그때, 집행관이 손수건을 흔들었다. 사격 중지를 알리는 신호였다. 1849년 4월 22일 밤 개혁 사상가들이 체포되었고, 도스토예프스키를 포함하여 20명이 사형 선고를 받았다. 황제 니콜라이 1세는 러시아에 자유 사상이 퍼지는 것을 방지하고 지식인 감시를 강화하려는 목적으로 체포하여 가짜로 사형을 선고한 것이었다.

죽음의 순간에 직면한 도스토예프스키는 과거를 회상하며 사람에 대한 포용과 사랑을 깨달았고, 가치 없는 일에 허비해버린 시간을 후회했다. 또한, 이 체험을 20년이 지난 뒤 소설 『백치』를 통해 다음과 같이 표현하였다.

"사형수는 마지막 5분 중 동료들과 작별하는 데 2분을 사용했고, 나머지 3분을 자기 자신과 주변을 둘러보는 데 사용했다. 마지막 3분 동안 그는 '나는 지금 이렇게 존재하고 있다. 살고 있다. 그러나 3분 후에는 그 무엇이 되어버린다. 어떤 또 다른 인간, 그렇지 않으면 무엇인가가 되어버리는 것이다. 도대체 그것은 뭘까? 만일 내가 죽지 않는다면 어떨까, 만일 생명을 되찾게 된다면 어떨까, 그것은 얼마나 무한한 것이 될까, 그리고 그 무한한 시간이 완전히 내 것이 된다면, 그렇게 된다면 나는 1분 1초를 100년으로 연장시켜 어느 하나도 잃어버리지 않을 것이다. 그리고 그 1분의 1초를 정확하게 계산해서 한순간도 헛되이 낭비하지 않을 것이다'라고 다짐했다."(도스토예프스키, 박영은, 살림지식총서)

표도르 미하일로비치 도스토예프스키는 죽음 직전에 삶은 자신 내부에 있는 것이라고 생각했고, 어떤 고난에도 흔들리지 않는 내적 성장, 지난날 가치 없는 일에 허비한 시간들에 대한 반성, 1분 1

초도 낭비하지 않겠다는 자기성찰이 있었던 것이다. 많은 곳에서 인용되고 있는 도스토예프스키의 '마지막 5분'은 다른 상황도 아닌 죽음이라는 마지막 순간에 시간의 중요성을 언급한 것이다.

매일매일이 새로운 기회다

　자연은 오늘도 어김없이 새벽을 연다. 태양은 솟고 새로운 에너지를 내뿜는다. 나무들은 저마다 빛을 맞이할 준비를 하며 태양을 향해 머리를 돌리는 꽃들도 분주하다. 우리도 자연의 일부다. 매일매일 자연이 주는 에너지를 받을 준비를 하는가?

　하루가 시작되면 자신을 지배하는 것은 자신의 생각이다. 하루 시작을 게으른 생각에 지배당하면 시작부터 사치다. 시작이 반인데 반이 날아가버린 것이다. 자신이 무슨 생각을 하고 있는지 생각해보라. 어제와 같은 오늘이라면 내일도 마찬가지다. '어제와 똑같이 살면서 더 나은 내일을 기대하는 것은 정신병 초기 증상이다'라는 아인슈타인의 말을 상기해보자. 어제의 잘못된 습관으로 자신을 방치하는 무책임한 삶에서 벗어나 제대로 된 습관을 매일매일 실천하는 하루여야 한다. 어제와는 다른 오늘, 어제보다 더 나은 하루를 시작하면 내일도 변화시킬 수 있다. 그 시작이 생각이고 생각이 곧 자신을 이끄는 에너지다. 그 에너지를 효율적으로 사용할지 안 할지 결정하는 것이 곧 생각이다. 어제보다 오늘, 오늘보다 더 나은 내일을 위해 생각 에너지를 컨트롤하라. 이것이 자신을 지배하는 것이고 습관을 형성하는 에너지며 성장의 시작이다.

하루가 시작되면 작건 크건 선택으로 시작한다. 바로 일어날지 말지, 일어나면 무엇부터 할지, 그다음엔 무엇을 할지 등 선택이 계속된다. 어떤 물건을 선택했다는 것은 선택하지 않은 물건을 포기했다는 것이다. 무엇을 선택하고 무엇을 버릴 것인가? 올바른 선택이었는지는 자신의 미래 목표에 부합되는 것인지 아닌지 생각해보면 된다. 당연히 이롭지 못하고 비효율적인 것은 버리고, 이롭고 효율적인 것을 선택하면 되는 것이다. 간단한 것 같지만 어제의 관성으로 오늘도 어제와 똑같이 시작하는 이가 대부분이다. 그만큼 하루 습관은 무섭고 강력한 힘이 있다. 하루를 시작하면서 생각을 조심해야 한다. 어느 방향에서 생각하고 어떤 선택을 하느냐에 따라 그 생각대로 자신의 에너지가 소비된다. 생각한 대로 오늘 하루 방향이 결정되고 그 방향으로 시간이 소비된다.

대문호 도스토예프스키는 말했다. '과거를 되짚어볼 때 아무런 가치도 없는 일에 얼마나 많이 시간을 허비했었는지…. 1분, 1초를 정확하게 계산해서 한순간도 헛되이 낭비하지 않을 것이다'라고, 죽음을 맞이하는 마지막 순간에 이처럼 생각했다고 말했다. 당신은 오늘 하루 어떤 생각으로 어떻게 시작할 것인가? 바로 오늘이 새로운 시작이고 기회다! 그 기회를 놓치지 말라!

낭비 vs 기회

✦ 어제의 관성에 의해 오늘도 어제와 같은 패턴으로 무의미하게 시작하는 이가 대부분이다. 하루 습관의 강력한 힘 때문이다. 그 방향으로 시간과 에너지가 소비된다. 그 순간에는 몰라도, 지나고 나면 낭비했다는 것을 알아차린다. 우리의 시간과 에너지는 그렇게 소비된다.

✦ 아직 기회는 있다. 매일매일이 새로운 시작이고 기회다. 그 시작은 무엇으로 여는가? 생각이다. 그 생각대로 우리는 움직인다. 그 기회를 살릴지 날려버릴지는 오늘 하루, 당신 생각에 따라 결정된다.

하루는 최고 인생의
시작이자 끝이다

어떤 일을 달성하기로 결심했으면

그 어떤 지겨움과 혐오감도 불사하고 완수하라.

고단한 일을 해낸 데서 오는 자신감은 실로 엄청나다.

- 아놀드 베넷

계단의 처음과 끝을 다 보려고 하지 마라.

그냥 발을 내디뎌라.

- 마틴 루터 킹 주니어

아무리 복잡한 퍼즐도 한 조각부터 시작이다. 목표 달성은 퍼즐과 같다.

삶도 마찬가지다. 그 퍼즐은 누구도 대신해줄 수 없다. 목표가 크건 작건 자신이 매니저가 되어 스스로 달성했다면 그것이 최고인 것이다.

오늘 움직인 한 발이 성공의 시작이다

누구나 실패를 두려워한다. 그로 인해 시도조차 하지 않는 경우가 다반사다. 목표가 클수록 이루기 어렵다고 스스로 예단한다. 큰 목표일수록 실패에 대한 두려움은 더 커지며 실행으로 옮겨지지 않는다. 목표까지 도달한 이들은 중간중간의 실패를 실패라 부르지 않는다. 과정이라 말한다. 미래는 알 수 없다. 최선을 다했지만 자신의 의지와 상관없이 브레이크가 걸리는 '블랙 스완'이 찾아오기도 한다. 이처럼 크고 작은 난관은 수없이 불시에 찾아온다. 최고의 인생은 쉽게 단념하지 않고 끈질기게 견디어내는 끈기에 달렸다. 그 끈기는 어디서 나오는가? 난관을 헤쳐나가는 원동력은 평소 하루 관리를 잘해온 하루 관리 습관이 몸에 밴 실천력에 있다. 하루 습관은 열정과 정신력을 도와줄 최고의 도구다.

"가난하게 태어난 것은 내 잘못이 아니지만 가난하게 죽는 건 내 잘못이다." 빌 게이츠의 말이다. 빌 게이츠도 허름한 지하 창고에서 한 발부터 시작했다. 매일매일 그 한 발이 행복했고, 가슴 떨리는 하루였다. 각자 처해 있는 상황, 원하는 목표가 모두 다 다르고 그 크기도 다르지만, 모두 시작은 한 발이었다. 마라톤도 한 발부터 시작이고, 등산도 한 발부터 시작이다. 행복의 기준이 아무리 높고 성공의 크기가 아무리 크더라도 한 발 전진 없이는 나아갈 수 없다. 아무리 목표가 거대하더라도 시작이 거대한 건 아니다.

인생을 바꾸는 하루 습관

오늘 한 발부터 시작이다. 바로 그 한 발이 오늘 하루다. 오늘 하루 미완성은 불행의 시작이고 미래 목표는 점점 멀어져간다. 오늘 하루를 제대로 완성하는 것이 행복의 시작이고 성공의 길로 가는 첫발인 것이다.

하루 한 발이 최고의 인생임을 증명한 예는 많다. 보도 새퍼의 『멘탈의 연금술』에 소개된 내용이다. "뉴욕에서 마이애미까지 약 2,000㎞를 두 발로 걸은 미국의 70대 할머니에게 물었다. '어떻게 이런 굉장한 일을 해낼 수 있으셨나요?' 대답은 간결했다. '항상 한 걸음씩 걸었다오.' 이것이 삶의 유일한 비법이며 기적이며 매직이다."

'마침내 성공했다!' 2013년 9월 2일 미 언론의 찬사가 이어졌다. 미국의 장거리 수영선수였던 다이애나 니아드(Diana Nyad)의 이야기다. 약 160㎞ 거리의 쿠바-플로리다 해협을 세계 최초로 보호 장비 없이 수영으로 횡단하는 데 성공했다. 최초의 기록은 호주 출신 수잔 마로니 선수가 가지고 있다. 1997년 22살의 나이에 성공했지만 당시에는 상어 보호 기구를 설치했었다. 2012년 7월에는 호주의 장거리 수영선수 페니 팰프리가 같은 코스를 42시간에 헤엄쳐간 뒤 급격한 이상 해류를 만나 포기한 적이 있다. 이 해협은 상어가 많기로도 유명하고 독성이 강한 해파리 떼도 있어 수영할 수 있는 환경이 안 되는 곳이다. 아무런 보호 장비 없이 지난 1978년 28살에 처음 도전하여 실패한 후 계속 도전했지만 매번 실패했다.

64세의 나이에도 불구하고 5번째 마지막으로 도전하여 성공했다. 걸린 시간은 52시간 54분 18.6초다.

'절대 포기하지 말라. 꿈을 이루기에 결코 늦은 것은 없다.' 다이애나 니아드(Diana Nyad)가 완주 후 인터뷰에 답한 핵심 내용이다. Ted 영상 내용을 보면 완주 성공 요인은 단순했다. 보호 철망도 없는 상어의 위협, 해파리의 독, 추위와 사투를 벌이며 오로지 앞으로 또 앞으로 전진만 했다. 다른 생각을 할 틈이나 여유조차 없었다. 멈추는 순간 모든 것이 물거품이 되는 상황이었다. 그렇게 한 발 한 발 전진이 성공을 만들어낸 것이다.

타임지 선정 '2013년 스포츠 최고의 명장면 TOP 10'에 선정될 정도로 극적인 성공 사례지만 놓치면 안 되는 사항이 있다. 도전이다. 한두 차례 시도해보고 안 되면 포기하는 경우가 일반적이다. 극한의 상황을 60대의 나이에 실행했다는 것도 중요한 부분이지만, 무엇보다 주목해야 할 것은 5번이나 도전했다는 점이다.

> 행복과 성공은 그리 큰 곳에 있지 않다. 하루 완성이 행복의 시작이고 성공의 시작이다.

인생을 바꾸는 하루 습관

하루 완성이 성공의 시작이다

두 가지 사례에서 보았듯이 아무리 위대해 보이는 업적도 나이와는 아무런 상관이 없으며, 그 시작이자 끝은 하나의 작은 스텝이다. 누구나 행복과 성공을 원한다. 크기나 기준도 모두 다르다. 누구나 원하는 것이 있다. 마찬가지로 크기나 기준도 모두 다르다. 각자 자신의 행복과 성공의 크기나 기준이 모두 다르지만 모두 한발부터 시작이다. 그 시작이 오늘이다.

오늘 하루를 움직이는 힘엔 두 가지가 있다. 목표와 동기다. 목표가 없으면 방황하게 되어 하루를 그냥 보내게 된다. 목표에 대한 동기부여를 위해 이 목표를 왜 달성하려고 하는지 묻고 또 물어야 한다. 목표를 달성할 경우 나와 주변 모든 것에 미치는 긍정적인 영향을 찾고 또 찾아야 한다. 『최고의 변화는 어떻게 만들어지는가』의 저자 벤저민 하디는 자신의 일기장 앞표지 안쪽에 목표를 써두고 일기장을 열 때마다 목표를 수시로 읽는다. 목표 달성을 해야 하는 이유를 스스로에게 묻고 달성된 목표를 수시로 상상한다고 한다. 일종의 자기 암시다. 이러한 스스로에게 던지는 질문, 목표에 대한 의지 확인, 목표 달성에 대한 두근거림이 지속하게 해주는 원동력이 된다.

그러나 목표까지는 많은 변수가 있다. 외부적인 요인은 물론 자신의 내부적인 문제로 계속 갈등하는 반복의 연속이다. 난관은 반드시 찾아온다. 절대 포기하지 말고 밀고 나아가야 한다. 그 고비들을 넘기다 보면 목표에 점점 가까워지게 된다. 다이애나 니아드가 도전했던 플로리다 해협의 상어 무리에 대한 두려움과 추위의 고통처럼 말이다. 고통을 극복한 만큼 목표는 가까워지고 그만큼 더 성장한다. 그 첫 번째 고비이자 가장 중요한 날이 바로 오늘이다. 오늘, 단 하루라고 가볍게 보면 안 된다. 오늘 하루 안에도 수없는 난관이 있을 것이다. 수단과 방법을 가리지 말고 오늘을 완성해야 한다. 계단의 끝을 보지 말고 그냥 한 발 내디뎌야 한다. 계단의 끝은 이미 알고 있다. 목표가 어디인지, 목표를 달성했을 때의 쾌감이 얼마나 큰지도 이미 알고 있을 것이다. 이렇게 하루하루를 완성하는 것이 1년을 완성하는 것이고, 이것이 곧 삶의 기본이자 주도적인 삶의 시작이다.

기억하라. 오늘을 제대로 완주한 자는 내일도 완성할 수 있는 준비된 자다. 자존감, 자신감이 축적되고 내일에 대한 기대감도 갖게 된다. 이러한 하루가 모여 이틀이 되고 이틀이 모여 한 달이 된다. 오늘 성공을 맛본 자에게는 내일도 그 기회가 열려 있다. 하루 중 저녁과, 1년 중 12월, 그리고 인생의 말년이 여유로워야 한다. 이것을 인생의 3가지 여유로움이라고 한다. 이 세 가지 여유 중 첫 번째인 하루에서 당신이 느낀 저녁의 여유로움은 어떠했는가? 오늘을 의미 있게 살았다면 '인생 3여' 중 일 년과 노년까지 행복과 성공의 길이 이미 열린 것이다.

하루는 최고 인생의 시작이자 끝이다

✦ 큰 성공을 거두기 위해 크게 시작해야 하는 건 아니다. 목표가 크다고 큰 걸음이 필요한 것도 아니다. 단 하루, 오늘을 성공적으로 마무리하는 습관에 달렸다.

✦ 목표 지점까지 가는 동안 반드시 여러 번 만나야 하는 동반자가 있다. 난관이다. 반갑게 맞이하라. 난관이 클수록 달성된 목표는 더 짜릿하다.

소중한 돈,
무관심한 시간

사람들은 가진 재산을 지키려고 구두쇠처럼 굴지만,

정작 무엇보다 아껴야 할 시간을 낭비할 때는

더없이 관대해진다.

- 세네카

시간은 누구에게나 공평한 24시간이면서도

공평하지 않은 24시간이다.

- 올더스 헉슬리

하루 1시간이 100억?

우리는 미래를 위해 돈을 저축하거나 재투자를 한다. 시간은 저축의 대상이 아니다. 하루 중 자신만을 위한 시간을 뽑아내라. 그

인생을 바꾸는 하루 습관

시간이 당신의 미래를 위해 투자할 시간이다.

당신은 돈 관리를 하는가? 돈 관리에 대한 콘텐츠는 많이 접해 왔을 것이다. 주급 또는 월급을 받으면 어떻게 관리해야 되는지 우리는 잘 알고 있다. 개인마다 수익의 액수는 다르지만 운영 방식에는 큰 차이가 없다. 벌어들이는 즉시 모두 지출하면 미래는 보장되지 않는다. 그래서 저축이나 재투자를 한다. 표준적이진 않겠지만 월 300만 원 내외를 벌고 있고 독립생활을 하고 있는 경우 기본적인 세금, 의식주, 잡비 등을 제외하고 약 100만 원이 남는다고 가정해보자. 100만 원에서 얼마를 투자해야 미래 준비가 가능할까?

누구나 경제적 자유를 꿈꾼다. 1억의 종잣돈을 목표로 삼을 경우 100만 원을 한 푼도 사용하지 않고 모은다면 1년이면 1,200만 원이 되고 10년을 모아야 1억 2천만 원이 된다. 차도 사고, 이것저것 꾸미고 갖출 경우 월 100만 원씩 모으기도 쉽지 않다. 1억 종잣돈은 10년이 아니라 20년도 더 걸릴 수가 있다(돈은 인플레이션의 속성에 따라 시간이 지나면 가치가 하락하니 단순하게 월급이 오른다는 가정은 하지 않고 계산). 그럼 대략 15~25년이 지나야 원하는 종잣돈을 모을 수 있다. 이러한 계산은 누구나 한번쯤은 해봤을 것이다.

그러나 이러한 미래 준비 또는 투자 대상은 돈만이 아니다. 누구에게나 공평하다고 하는 하루 24시간을 관리해본 적 있는가? 시간 관리 도서에 소개된 방법으로 계산해본 필자의 하루 24시간 계산법은 이렇다. 내 마음대로 할 수 없는 종속된 시간은 평균 11시간

(업무 9시간, 출퇴근 2시간). 취침 5~6시간, 식사 2시간을 제외하면 24-11-6-2=5시간이 남는다. 바로 이 5시간이 내 마음대로 사용 가능한, 즉 나의 미래를 위해 투자할 수 있는 시간이다. 하루 24시간 중 5시간이 미래 가치를 위한 시간이 되는 것이다. 이 5시간을 어떻게 활용하는가에 따라 나의 미래가 결정된다. 이 5시간이 나의 미래를 결정하는 마법의 시간인 것이다.

하루 24시간 중에서 당신의 미래에 투자 가능한 시간은 어느 정도 되는가? 생활 패턴, 직업 등등에 따라서 개인마다 모두 다를 것이다. 계산해보라. 자투리 시간도 있고, 집중할 수 있는 시간은 반드시 나온다. 이 시간을 최대 효율로 밀도 있게 사용하면 당신의 미래가 결정된다. 하루 1시간으로 계산될 경우 이 1시간이 1만 원 가치가 될지 100억 원 가치가 될지는 당신이 계획하고 실천하기에 따라 결정된다. 당신 손에 달린 것이다.

돈 투자 vs 시간 투자

『하루 24시간 어떻게 사용할 것인가』의 저자 아놀드 베넷은 말한다. 매일매일 지갑에 24시간이 꽂힌다. 남는다고 저축해서 나중에 쓸 수도 없다. 내일의 시간을 오늘 미리 쓸 수도 없다. 오늘 무료로 받은 24시간을 온전히 자신을 위해 쏟아라. 하루는 24시간으로 공평하다.

하루 24시간을 소비적으로 쓸 것인가? 생산적으로 쓸 것인가? 돈은 재투자하면서 시간에는 왜 투자하지 않는가? 버릴 것인가 투자할 것인가는 당신한테 달려 있다. 당신만을 위한 미래를 위해 투자할 시간을 확보하라. 하루 중 온전히 자신에게 투자할 수 있는 시간이 어느 정도인지 계산하고 그 시간을 생산적인 것에 투자하라. 벌어들인 돈을 어떻게 관리하느냐에 따라 미래가 달라진다. 마찬가지로 매일 주어지는 24시간을 어떻게 관리하느냐에 따라 미래가 달라진다. 돈, 시간 모두 무의미하게 다 써버리면 내일에 대한 대비가 전혀 되어 있지 않은 것이다. 명심하라. 돈은 미래에 쓰기 위해 존재하고 시간은 미래를 만들기 위해 존재한다. 자신도 모르게 흘려버린 시간은 당신의 미래와 맞바꾼 시간이다.

"인간의 수명이 짧은 것이 문제가 아니라 시간을 낭비하는 것이 문제다"라고 세네카는 말했다. 주변의 비생산적인 것들과 다른 사람들에게 자기 시간을 빼앗긴 사람들은 언제나 자신에 주어진 시간이 부족하다고 느낄 수밖에 없다. 자신의 시간을 뺏는 주변을 정리하고 자신에게 집중하라. 소중한 돈처럼 말이다.

소중한 돈, 무관심한 시간

✦ 돈을 저축하거나 투자하면 미래에 원하는 것을 누리고 구매할 수 있다. 또한 불안한 미래를 대비할 수 있다. 시간으로도 미래를 살 수 있다면 시간도 저축할 것이다. 그러나 시간의 개념은 돈과는 다르다. '돈은 미래에 쓰기 위해 존재하고 시간은 미래를 만들기 위해 존재한다.'

✦ 현재 돈은 없어도 누구에게나 시간은 있다. 고로 누구에게나 미래는 열려 있다. 시간에 투자하라! 오늘의 1시간이 훗날 100억, 혹은 그 이상의 가치가 될 수 있다.

일출? 1월 1일?
다 소용없다

하고 싶다는 생각이 들면 지금 당장 시작하라.

- 빌 게이츠

그냥 하면 된다!

"무엇인가 시작한다면 그냥 시작하지 말고 과감하게 시작해라."
『멘탈의 연금술』의 저자 보도 섀퍼가 한 말이다. 단순하면서도 힘
이 느껴진다. 오전 9시 정각에 맞춰서 "레디, 고!"를 외치는 영화감
독은 없다. 1월 1일 정시에 시작하는 영화감독도 없다. 그냥 한다.
당신도 그냥 하면 되는 것이다.

매년 새해가 시작되는 자정에 카운트다운을 지켜보고 일출을
보기 위해 구름처럼 명소에 몰려든다. 일출, 1월 1일에 특별한 의미
를 두지 마라. 새해가 시작된 오늘도 어제와 같은 오늘이다. 카운

트다운을 지켜보며 다짐하고 일출 보고 다짐해서 원하는 것이 모두 이루어졌는가? 통계적으로 새해 결정이 성공하는 경우는 5% 내외로 발표되고 있다. 새해의 결심이나, 새해가 아닐 때의 결심이나 별반 차이가 없다는 것이다. 때에 따라서 형식적인 절차도 필요하겠지만 정작 중요한 것은 자신의 마음이다.

지구는 묵묵히 한 바퀴 돈다. 자기 할 일만 한다. 자연도 마찬가지다. 여기에 속해 있는 우리도 그냥 하면 되는 것이다. 결심은 자신의 마음, 생각으로 하면 된다. 그리고 바로 실행하면 된다. 적은 양이라도 내일로 미루지 말고 지금 당장 시작하는 것이 중요하다. 미루는 것도 습관이라는 말이 있다. 선택의 여지는 없다. 미룰지 지금 당장 할지 둘 중 하나뿐이다.

의식의 힘

'모든 것은 마음먹기에 달렸다'라고들 한다. 습관을 만드는 데 작은 목표이든 큰 목표이든 크게 중요치 않다. 대상을 어떻게 바라보고 접근할 것인지, 즉 의식의 문제다. 물론 많은 뇌 과학 도서에서 말하고 있는 뇌의 효율성, 경제성으로 접근하는 것도 간과해서는 안 된다.

인생을 바꾸는 하루 습관

뇌는 에너지를 소비하는 기관이다. 우리 몸을 최적의 상태로 보호하고 관리하기 위한 기관이다. 이러한 상태를 유지하기 위해 뇌는 최소 비용으로 최대 효율의 루트로 움직인다. 이러한 속성으로 습관이 형성되며 그 습관을 무의식, 잠재의식이라고 표현한다. 이처럼 최대 효율을 찾는 뇌의 속성으로 인하여 새로운 것을 시도할 때 뇌는 쉽게 받아주지 않는다. 또한 목표가 너무 크면 강제적인 의식, 노력하는 의식 절차가 필요한 상황이 되어 이 또한 뇌의 피로도를 급격히 올린다고 한다. 이러한 피로도가 작심삼일의 원인이라고 한다.

이러한 뇌 과학에 근거한 습관 관리 도서는 작은 목표를 강조하기도 한다. 작은 목표, 즉 너무 하찮아서 비웃을 정도의 작은 목표로 뇌를 자극하지 않는 방법이 습관 형성에 최적이라고 말한다. 작은 목표는 성취감과 성공 연습이라는 효과를 가져온다. 또한 그 작은 목표를 넘어 초과 달성하기도 쉽다는, 덤으로 얻는 효과도 있다. 이렇게 작은 행동의 반복으로 뇌의 전전두엽의 피로도를 낮추고(전전두엽을 건드리지 말고, 전전두엽과 타협하고) 반복 패턴을 관리하는 기저핵에 조금씩 누적시키면 비로소 습관을 만들 수 있다며 뇌의 효율에 초점을 두고 말하기도 한다. 반면에 달성 불가능할 정도의 큰 목표가 동기를 부여하는 데 최선이며, 목표가 커야 가슴을 흔들고 지속성이 유지된다는 뇌 과학자나 심리학자도 있다. 결국, 큰 목표이든 작은 목표이든 결국 마음먹기에 달렸다. 모든 것이 의식에 달렸다.

삶 전체의 사이클을 보면 누구나 결코 평탄치 않다. 자신의 모든 것을 바쳤지만 원했던 결과가 나오지 않는 상황이 발생하기도 한다. 예상치 못한 복병도 누구에게나 찾아온다. 억울한 상황, 비합리적인 상황 등 자신의 의지와 상관없이 벌어지는 일들이 비일비재하다. 이를 이겨내는 인자가 마음과 의식이다. 이러한 의식의 중요성은 이미 많이 알려진 여러 사례에서 알 수 있다. 유배를 당한 다산 정약용의 의식 상태를 정확히 알 수는 없다. 그러나 유배지에서 달성한 업적을 보면 추측이 가능하다. 심적으로 참기 어려운 고통의 나날이었음에도 불구하고 자신을 성찰해가는 의식으로 자신을 깨고 세상에 다산 정약용의 존재를 드러낸 대업적이 말해준다. 또한 죽음으로 남자답게 생을 마감하는 방법을 택하기보다는 수치스럽지만 거세를 선택하고 자신의 뜻을 이루어낸, 『사기』의 저자 사마천의 의식도 마찬가지다. 헬렌 켈러, 링컨 등 이러한 예는 수도 없이 많다.

결정은 내가 한다

나의 뇌가 아무리 나를 거부하고 저항해도 모든 것은 마음먹기에 달렸다. 생각하는 것도 나고, 실천하는 것도 나이기 때문이다. 내가 뇌를 위해 한 발 물러서는 것도 방법 중에 하나일 수 있겠지만, 의식을 컨트롤하는 주체는 자신뿐이라는 것을 앞의 사례가 말해준다.

위인들처럼 의식이 깨인 이는 자신이 목표한 바를 우직하게 밀고 나아가 달성하겠지만, 그렇지 않다면 양질의 콘텐츠 중에서 자신에게 맞는 부분을 적용하라. 필자도 작심삼일의 유리알 의식 소유자다. 시도했던 '왼손 글쓰기'도 힘겹게 실행하며 세 번 만에 성공한 자다. 자기계발, 뇌 과학, 심리학, 습관 관리, 시간 관리 등의 도서 덕분이다. 의식이 조금씩 변한 덕분에 겨우 성공했다고 할 수 있다. 결국, 습관을 만드는 데는 작은 목표이든 큰 목표이든 크게 중요치 않다. 작다고 습관이 쉽게 만들어지지 않는다. 대상을 어떻게 바라보고 접근하느냐 하는 의식의 문제다. 크든 작든 어떤 생각으로 어떻게 실천하는가는 결국 자신에게 달려 있다.

일출? 1월 1일? 다 소용없다

✦ 거창한 시작도 필요하겠지만 형식보다 중요한 것이 실천이다. 준비가 길면 때를 놓친다. 하나의 물방울이 바다라는 말이 있다. 한 발 움직이는 행동이 우선이다. 그 행동력은 자신의 의식에서 시작된다. 지금 바로 시작하라!

하루는 습관의
기본 단위다

습관이란 인간으로 하여금

어떤 일이든지 하게 만든다.

- 도스토예프스키

탁월함은 행동이 아니라 습관이다

'안이하게 살고자 하는가? 그렇다면 항상 군중 속에 머물러 있으라. 그리고 군중 속에 섞여 너 자신을 밀어버려라.' 프리드리히 니체의 말이다.

오늘 하루는 어땠는가? 자신을 놓아버리고 사는 이가 대부분이다. 길들여진 하루를 보내는 이가 많다. 이 세상에 목적 없이 움직이는 것은 없다. 『1주일 168시간 사용법』의 저자 케빈 호건이 쓴 책에 미국인 중 계획을 갖고 생활하는 사람은 1/10이라는 통계가 있다. 당신은 목표가 있는가? 당연히 목표가 없다면 계획도 없다. 어디로 가는지 자신도 모른다. 루카우스 세네카의 말처럼 아무런 목표 없이 살아가는 사람들이 있다. 물속에 있는 잔풀처럼 그들의 의지가 아니라 흘러가는 대로 살고 있다.

　모두 망망대해에 떠 있는 존재다. 가만히 있어도 흘러간다. 제자리를 맴돌기도 하지만 바람 부는 대로 해류 따라 흘러간다. 가만히 있어도 움직이니 세상 편하다. 자신 의지와 무관하게 끌려가니 어디로 갈지는 자신도 모른다. 세상에 자신을 맡겨버린 상태다. 그러다 누군가 노를 저으라 하면 열심히 땀을 흘려 노를 젓는다. 안 하면 배에서 내던져지는 상황이 발생하기 때문이다. 열심히 노를 저었음에도 불구하고 배에서 내던져지기도 한다. 자신은 아직 충분히 노를 저을 수 있는데도 배에서 내리라고 한다. 준비가 없었기에 망망대해에 무방비 상태다. 어쩔 수 없이 팔을 휘저으며 생존하기 위해 발버둥 쳐보지만 어디로 가야 할지 당황스럽다. '목표 없는 사람은 목표 있는 사람을 위해 평생 일해야 하는 종신형에 처해져 있다'라는 브라이언 트레이시의 말처럼 목표 없이 끌려가는 종신형이다. 목표의 중요성과 주도적인 삶을 강조하는 말이다. 목표 있는 자는 스스로 노를 젓는다. 역풍과 역류의 상황에도 노를 젓는다. 부딪히고 깨지지만 멈추지 않는다. 목표가 있기 때문에 스스로 끌고 간다.

　그러나 목표를 설정하고 계획도 잡고 누구나 결심은 하지만 행동으로 옮기기는 쉽지 않다. 대부분 며칠 못 가서 흐지부지되고 원래의 삶으로 돌아간다. 왜 그럴까? 모든 일은 시작하기도 어렵지만 지속하기는 더 어렵다. '탁월함은 행동이 아니라 습관이다'라는 아리스토텔레스의 말처럼 습관은 진정 탁월함의 범주인가? 그렇다면 습관을 만들면 누구나 탁월해질 수 있는 건가?

습관이란?

습관에 대해 살펴보자. 습관으로 자리 잡히면 관성의 힘으로 추진력이 붙는다. 습관은 크고 작은 유혹들을 거침없이 제거하고 치고 나아가게 해준다. 삶의 관성이 되고, 이는 기관차와 같은 역할을 한다. 처음 움직이기는 힘들어도 일단 움직이기 시작하면 힘이 붙는다. 작은 나뭇가지로 출발이 어려웠던 기관차가 힘이 붙으면 파괴하고 밀고 달리듯이 습관은 유혹, 난관 등을 극복하게 하는 힘으로 작용한다.

또한 습관은 매일 같은 시간에 같은 일을 반복하는 단순한 과정이 아니다. 이는 습관에 대한 잘못된 오해다. 습관화가 되면 특별한 준비 과정이 필요 없다. 집중력이 올라간다. 집중력이 올라가면 에너지 효율이 높아진다. 미리암 융계는『딱 한걸음의 힘』에서 '습관은 뇌의 절약 모드'라고 표현한다. 또한 계획한 것을 매일 실천하는 습관이 몸에 배면, 즉 무의식 영역으로 넘어가면 자연스럽게 끈기도 늘어난다.

습관은 단순 반복이 아니다. 에너지를 더 효율적으로 사용하게 되어 지속력을 늘린다. 『그릿』, 『끝까지 해내는 기술』에서 강조하는, 끝까지 가기 위해 지속하는 힘이 축적된다. 그렇다. 습관은 목표를 달성시키는 탁월함이자 삶의 추진력이다.

습관을 만드는 데 필요한 기간은?

습관으로 자리 잡기까지 어느 정도의 기간이 필요할까? 사람마다 모두 다르다. 어떤 이는 30일, 60일, 90일, 혹은 그 이상이 걸린다. 또한 목표로 삼은 대상마다 모두 다르다. 어떤 것은 30일, 60일, 90일이 걸릴 수도 있다. 필자의 경우 작은 목표인데도 습관이 되기까지 많은 시간이 걸렸다.

새로운 습관은 기존의 안이했던 습관의 저항에 부딪힌다. 견고하게 자리 잡은 기존의 습관은 쉽게 자리를 내어주지 않는다. 또한 심리적인 내적 문제, 외부적인 문제 등 여러 가지 변수가 발생하기 때문에 모두 다르다. 이러한 변수를 해결해야 새로운 습관이 자리 잡힌다. 그 변수를 타개하지 못하면 기존 습관에 다시 밀린다. 때문에 새로운 습관 만들기 못지않게 기존의 좋지 않은 습관을 버리기도 매우 어렵다.

　습관으로 자리 잡는 데 통상 30일을 말하기도 한다. 영국의 런던 대학 연구에 의하면 평균 66일이 걸린다고 한다. 그러나 이러한 숫자에 세뇌되지 말자. 목표가 다르고 개개인의 환경이 모두 다르다. 변수도 매일 발생하고 그 변수의 세기도 모두 다르다. 다시 말해서 습관은 21일도 아니고 66일도 아니다. 7일, 30일, 60일, 90일도 아니다. 오늘 하루에 달려 있다. 하루를 놓치면 다시 시작해야한다. 이틀, 사흘이 미뤄지면 몇 배 더 어려워진다. 그 시작이 오늘 하루고 그 끝도 오늘 하루다. 그 모든 변수가 오늘 하루에 달려 있다. 오늘 '하루'를 어떻게 보내느냐, 어떻게 보냈느냐에 따라 습관은 결정된다. 오늘을 지키지 못하면 습관은 날아갔다고 보면 된다. 역으로 오늘을 제대로 보냈다면 그 관성으로 내일도 할 수 있는 추진력이 쌓이는 것이다. 습관은 그렇게 만들어진다.

　'탁월함은 행동이 아니라 습관이다'라는 아리스토텔레스의 말을 다시 상기해보자. 목표 없는 하루는 그때그때 주변 상황에 반응하는 수동적인 하루다. 자신을 놓아버린 채 끌려가는 하루다. 목표를 설정하고 실행을 지속하기 위해서는 습관이 필요하고, 습관은 하루를 더 집중적이고 생산적으로 만든다. 절대로 오늘 하루를 허투루 버리지 말자! 습관은 오늘 하루에 달려 있고 이 하루는 습관

의 기본 단위다. 오늘 움직인 작은 행동이 습관의 시작이 되고 그
습관의 효율과 지속력으로 당신도 탁월해질 수 있다.

인생을 바꾸는 하루 습관

하루는 습관의 기본 단위다

✦ 습관 만들기 7일, 21일, 30일, 60일, 66일 모두 필요 없다. 습관은 오늘
하루에 결정 난다. 오늘 하지 않았는데 어떻게 내일 한다는 보장이 있는
가? 오늘 실행하지 않은 습관 때문에 내일도 못 할 가능성만 커지는 꼴
이다. 오늘 해야 내일도 한다는 보장이 있는 것이다. '하루'가 곧 습관의
기본 단위이자 절대 단위다.

검은 백조 이론이라고 하는 블랙 스완은 예상하지 못한 일이 발생하여
엄청난 파장을 일으키는 것을 말한다.

레바논 출신의 미국 금융 전문가이자 교수인 나심 니콜라스 탈레브가
그의 저서 『블랙 스완』에서 1987년 블랙 먼데이,
2001년 9·11테러, 2008년 서브프라임 모기지론 사태 등을
블랙 스완이라 묘사하며 알려지게 되었다.

하루가 삶의 기본인데 이 하루조차 온전히 자기 것으로
만들기는 쉽지 않다.

우리의 삶, 우리의 하루에서도 블랙 스완과 같이 다양한 내적,
외적 요인으로 마음은 흐트러지고, 계획도 미뤄지는 경우가 다반사다.

필자 또한 이러한 요인으로 크게 요동친 적이 한두 번이 아니며 아직도
어려움을 경험한다.

이에 필요한 것이 자기 암시다.

3장

블랙 스완 잡는 하루 관리

완충 시간을
확보하라

시간을 헛되이 보내지 않는 사람은

시간이 부족해도 불평하지 않는다.

- 토마스 제퍼슨

시간을 충분히 잘 활용하면,

시간이 부족하다고 걱정할 일이 없다.

- 요한 볼프강 괴테

심리적 완충

예측 가능한 삶은 없다. 일방적인 상승도 일방적인 하락도 없다. 모든 현상에는 고저장단의 주기가 있을 뿐이다. 삶도 그렇겠지만 '하루'에도 이처럼 불규칙적인 사이클은 반복된다. 모든 것이 계획대로 순조롭게 잘되지는 않는다. 하루 오만 가지 생각이 자신을 흔들기도 하고 타인에 의해 흔들리기도 한다. 그래서 완충 지대, 완충 시간이 필요하다.

내일은 어떤 일이 일어날지 아무도 모른다. 불안한 미래, 알 수 없는 미래를 대비하기 위해 준비하고 저축을 한다. 생명에 직접적인 영향을 주는 차를 운전할 때는 항상 앞차와 일정 거리를 둔다. 앞차와의 거리가 10㎝ 간격이라면 어떤 일이 벌어질지 예측이 가능하기 때문이다. 이렇게 생명과 재산에 직접적으로 영향을 주는 대상에는 미리 대비하는 본능이 작용한다.

그런데 매일 반복되는 오늘 하루에도 어떤 변수가 발생할지 알 수 없다. 아침 기상 시간이 늦어지거나 오전부터 예상 밖의 일이 발생할 수도 있고, 나태함과 미루고 싶은 충동이 일어날 수도 있다. 스스로 컨트롤할 수 있는 것은 어느 정도 개선이 가능하겠지만, 타인에 의해서 자신의 시간을 더 할애해야 하는 경우도 얼마든지 발생할 수 있다. 하루 중에도 예상치 못한 일은 내적, 외적으로 사방에서 발생할 수 있다. 이로 인해서 자신도 모르게 흔들리는 하루를 보내는 경우가 발생한다. 이때 필요한 것이 반복적인 자기 암시다. '무엇을 하는 것이 자신의 목표에 도움이 되는지? 무엇을 생각하는 것이 자신의 미래에 도움이 되는지? 자신의 미래는 어떤 모습을 원하는지?' 뇌에 각인시키는 암시가 필요하다.

뇌는 우리가 생각하는 대로 작동한다. 부정을 생각하면 부정으로, 긍정을 생각하면 긍정 방향으로 작동한다. 『아주 짧은 집중의 힘』의 저자 하야시 나리유키는 이러한 뇌 속성을 이용한 긍정 훈련으로 스포츠 분야에서 많은 결과를 입증했다. 또한 뇌는 망각 메커니즘을 중요시하는 기관으로, 뇌가 버려도 되는 정보라고 판별하는 기한은 평균 3일이며 이것이 작심삼일의 이유라 한다. 널리 알려져 있는 독일의 심리학자 헤르만 에빙하우스의 망각곡선에서도 언급된 것처럼 뇌에 주기적인 자기 암시가 필요한 것이다. 따라서 습관 형성에 필요한 동기부여도 뇌에 재각인시켜야 한다. 매일 반복해서 암시하는 것이 최선이고, 최소 3일 이전에는 반드시 반복하고 마음을 재무장해야 한다고 강조한다. 결국 지식의 망각뿐만이 아니라 습관의 지속력을 위해서도 매일매일 반복적으로 긍정 암시가 필요한 것이다.

책도 처음 읽을 때는 이해하는 수준에 그치지만 자주 반복하면 뇌의 장기 기억으로 들어가 비로소 자기 것이 된다. 마찬가지로 자기 암시도 반복하면 장기 기억으로 들어가 내재화된다. 이는 습관에 필요한 필수 요소로, 유사시 자신을 컨트롤하는 힘으로 작용한다. 바로 이러한 반복적, 긍정적 자기 암시가 흔들리는 하루를 잡아주는 완충 장치 역할을 하게 된다.

물리적 완충

『생각에 관한 생각』의 저자인 대니얼 카너먼은 계획 오류에 대해서 정설은 아니지만 '실질적 일정=계획한 일정×2' 하라는 조언을 한다. 계획 자체의 오류도 있겠지만 예상치 못한 돌발 변수를 놓친 결과다.

하루의 완충 시간은 어느 정도가 적절할까? 개인차가 있겠지만 필자의 경우 하루 개인적으로 활용 가능한 5시간 중 10% 또는 1시간 정도가 적당했다. 좀 더 자세하게 이야기하면, 하루를 마무리하는 매일 저녁 비슷한 시간대에 30분에서 1시간 정도 하루 복기를 하는 시간으로 완충 시간을 사용했다. 일주일의 완충 시간은 해당 주의 주말이 적절하고 매월의 완충 시간은 마지막 주말이 적절하다. 그러나 이처럼 물리적인 완충 시간 확보도 필요하겠지만 더 중요한 완충 요소는 앞서 이야기한 대로 마음에 있다. 대부분의 '미룸'은 자신의 마음속에서 발생한다. 시간이 모자라서 못하는 것은 변명이라고 많은 이들이 말한다. 하려는 자는 방법을 찾고, 하지 않으려는 자는 변명을 찾는다 했다. 하루를 돌아보자. 헛되이 보낸 하루가 타인에 의한 것이었는지, 자신의 마음에 의한 것이었는지 말이다.

하루 중 대부분의 돌발 변수는 자신 내부에서 발생한다. 물리적인 완충 시간 확보 못지않게 중요한 것이 반복적인 자기 암시다.

　　　　　　　　　　　　　　인생을 바꾸는 하루 습관

이는 내적 흔들림을 잡아주는 완충 역할을 한다. 진정 자신이 원하는 미래 모습을 자주 그려보자. 자주 생각할수록 자신감도 생기고 가슴도 뛸 것이다. 이러한 긍정적인 자기 암시가 내적, 외적으로 치고 들어오는 돌발 변수를 완화시키고 하루를 단단하게 잡아주는, 완충의 필수 요소다.

완충 시간을 확보하라

✦ 하루에도 내적, 외적으로 예상치 못한 돌발 변수는 늘 발생한다. 외부적인 돌발 변수는 자신의 의지가 아니지만 내부적인 돌발 변수는 자신의 의지가 흔들린 결과다.

✦ 의지가 흔들리는, '할까 말까'의 내적 갈등은 하루에도 여러 번 불쑥불쑥 머리를 내민다. 이 머리를 누르는 힘이 긍정적인 자기 암시다.

✦ 이 긍정 암시를 평상시 자주 반복해야 의지가 꺾이는 돌발 변수를 막을 수 있다. 그렇게 해야 하루를 제대로 완성시킬 수 있고 습관으로 만들 수 있다.

하루 페이스를
유지하라

포기해야겠다는 생각이 들 때야말로

성공에 가까워진 때이다.

- 밥 파슨스

명성을 쌓는 것에는 20년이란 세월이 걸리며

명성을 무너뜨리는 것에는 5분도 걸리지 않는다.

그걸 명심한다면 당신의 행동이 달라질 것이다.

- 워렌 버핏

페이스 유지는 아침부터 시작이다

당신은 하루를 어떻게 시작하는가? 성공한 이들의 공통점 가운
데 하나가 아침 일기와 아침 명상이다. 『타이탄의 도구들』의 저자

팀 페리스는 아침 일기에 대해 다음과 같이 강조하고 있다.

"아침 일기의 목적은 현재 처한 상황 파악과 혼란한 정신
을 종이 위에 붙들어놓기 위한 것이다. 자신의 혼란스러운
생각들을 차분히 내려놓는 아침 일기는 지금 당신의 삶에
필요한 '한 걸음'을 제공한다."

타이탄들처럼 오직 자신을 위해 아침 일기로 하루를 시작하라.
아침 일기는 굳이 잘 쓸 필요 없다. 많이 쓸 필요도 없다. 5분, 10
분 정도면 충분하다. 아침 명상 또한 5분에서 10분이면 충분하다.
아침에 육체를 위해 세면, 샤워를 한다. 아침 명상은 정신을 위한
세면이자 샤워다.

아침 일기와 아침 명상 모두 갑자기 시작하기는 부담스러울 것이
다. 하루를 시작할 때 하루를 위한 자신의 생각을 가볍게 정리하
라. 오늘 하루를 어떤 마음으로 보낼지 하루를 위한 단어를 찾아
라. '열심', '배려', '집중', '끈기', '사랑', '성공' 등의 단어를 생각해내는
것만 시도해도 뇌에 긍정 에너지를 심어주는 효과가 있다. 생각은
꼬리를 물게 되어 있다. 하나의 단어를 생각하게 되면 그와 유사한
단어가 떠오르고 연이어 생각이 지속된다. 일주일, 한 달이 쌓이면
본인의 주 관심사가 무엇이며 주로 무슨 생각을 하고 있는지 보일
것이다. 매일 같은 단어여도 상관없다. 날짜와 함께 매일 기록하

라. 스마트폰에 기록해도 좋지만 가급적 자기만의 노트에 손 글씨로 기록하는 것이 좋다.

하루 시작부터 연예 기사, 스포츠 기사, SNS에 뇌를 노출시키지 마라. 오늘 하루를 어떻게 보낼지, 자신과 자신의 미래를 향한 집중이 먼저다. 하루를 어떻게 시작하느냐에 따라 하루가 결정된다. 하루를 어떤 불꽃으로 점화하느냐에 따라 하루가 결정된다. 이는 행동, 실천의 습관으로 이어진다. 시작이 반이다. 하루 페이스의 유지는 아침부터 시작이다.

머릿속에 노이즈를 주입시키지 마라

보고 듣는 것에 주의해야 한다. 머릿속에 주입된 노이즈는 하루 페이스를 흔드는 최대 복병이다. 보고 듣는 것에 뇌는 자동으로 반응하게 되어 있다. 1시간 게임을 하고 난 이후 어떤 현상이 발생하는가? 최소 30분 이상 잔상이 남아 있다. 연속극, 뉴스, 유튜브 영상 등 대부분이 같다. 시청하고 나면 반드시 잔상이 남는다. 뉴스는 대부분 부정적이거나 자극적이다. 가슴이 뛸 정도의 기사와 자극적인 영상으로 시청자를 빨아들인다. 그 뉴스에 같이 동조하며 흥분하고 화가 치밀어 오르기도 한다. 예를 들어 지구 반대편에 전쟁이 일어났다. 내가 할 수 있는 것은 무엇인가? '전쟁에 참여한다', '후원금을 전달한다', '신경 쓰지 않는다' 등 방법은 여러 가지다. 지금 당장 후원금을 지원할 상황이 안 되더라도 그쪽 분야에 관심을 갖고 연구하고 그 방면으로 지식과 경험을 쌓은 후 도움이 될 만한 자신을 만드는 것도 방법이다. 실제로 전 세계에는 수천, 수만 가지의 다양한 사건 사고들이 일어난다. 한 나라에서 일어나는 일만 해도 다양하다. 자신의 주변에 대해서도 마찬가지다. 궁금한가? 그로 인해 나의 생각은 내 것이 아닌 상태가 된다.

3년 전, 1년 전부터 습관적으로 접해왔던 뉴스, 연예 기사, 스포츠 기사, 광고 등 내 주변의 모든 정보들은 나를 성장시키는 데 얼마나 도움이 되었는가? 또한 그러한 것들에 일희일비하고 공감과 비평을 쏟아낸 결과는 어떠했는가? 부정적인 뉴스를 많이 접하다 보면 기분도 우울해진다. 이미 말했지만 보고 듣는 정보들을 가려서 접해야 한다. 대단히 중요한 내용이다. 뇌는 눈으로 들어온 정보, 귀로 들리는 정보 등 모든 것을 여과 없이 해석하고 저장하고 분석하느라 바쁘다. 뇌의 에너지만 소모시킨다. 앞으로 1년, 3년 동안 뉴스와 세상 가십거리에 관심을 멀리해도, 아예 끊어버려도 나의 성장에 문제가 생기거나 나와 세상을 변화시키는 데 절대 문제가 발생하지 않는다. 오히려 그러한 것들을 멀리하고 나에게 집중하는 것이 나와 내 주변 세상을 더 이롭게 할 수 있는 준비가 된다.

뇌는 우리 몸의 2%에 불과하지만 약 20%의 에너지를 사용한다. 효율성을 지향하는 뇌 시스템의 에너지 낭비다. 뇌의 에너지원인 포도당과 산소를 운반하는 혈액이 뇌에 15% 정도 모여 있다. 이 에너지가 노이즈 해석에 소비될수록 집중력은 떨어지고 쉽게 지친다. 뇌에는 아드레날린, 엔돌핀, 도파민, 세로토닌, 가바, 아세틸콜린 등 여러 가지 신경 전달 물질들이 있다. 이 중 사람의 감정을 조절하는 것으로 도파민과 노르아드레날린, 세로토닌이 있다. 행복 호르몬이라고 불리는 세로토닌은 공격적인 아드레날린과 쾌감을 좇는 도파민의 폭주를 조절하는 능력을 갖고 있다. 어제 게임을 했다면 오늘도 하고 싶어진다. 어제 연속극을 봤다면 오늘도 보고 싶어진다. 어제 유튜브를 봤다면 오늘도 보고 싶어진다. 뇌가 도파민에 중독된 결과다. 그 결과 안 보면 불안해지고, 뇌의 모든 생각이 그쪽으로 집중되게 된다. 반면에 자신이 성장함을 느끼거나 타인에 도움을 주는 경우처럼 자존감 상승은 세로토닌을 분비시킨다.

부정적이고 자극적인 요소에 대한 반복 노출은 하루의 페이스를 흐트러뜨리는 적이다. 이는 자신도 모르게 신경 물질에 중독되는 원인이 된다. 뇌는 반복을 선호한다. 자주 보고 자주 생각하는 것으로 인해서 자신이 만들어진다. 자신의 목표와 일치되는 정보에 뇌를 노출시켜라. 나머지는 모두 노이즈다.

\# 긴장의 하루

하루 페이스를 일관되게 유지하는 것이 사실 말처럼 그렇게 쉬운 것은 아니다. 우리는 24시간 내내 각종 알람에 시달리고 있다. 각종 문자에 즉시 답해야 한다는 강박관념에 사로잡혀 있다. 심지어 수신된 문자를 읽었는지 읽지 않았는지까지 상대방이 알 수 있게 되어 있다. 읽고도 답하지 않으면 무례한 상황인 것처럼 느껴진다. 즉답해야 한다. 건드리면 즉시 반응하는 1차원적 생물과 같은 삶이다. 개개인의 일상이 주변에 반응하는 삶으로 만들어지고 있다. 그것도 즉각적인 반응을 보이며 하루를 긴장되게 살아간다. 넘쳐나는 정보와 연결 지향의 사회로 인해서 집중하기가 예전만 못하다.

하루를 돌아보자. 이미 고착되어 있는 습관에 의해 자신의 의도와 상관없이 무의식적인 딴짓의 유혹으로 집중력이 흔들리는 경우가 수도 없이 발생한다. 자기도 모르게 스마트폰을 만지는 경우가 그렇다. 이럴 경우 의식적으로 스마트폰을 만진다는 생각을 버려야 한다. 뇌가 요구했다고 무조건 행동으로 옮기면 그 습관은 점점 더 굳어진다. 불필요한 습관을 버리는 의식이 필요하다. 즉, 각종 알람에 대한 즉각적인 반응과 무의식적인 딴짓을 의도적으로 의식해야 집중력을 유지하고 시간을 효율적으로 사용할 수 있다. 집중하지 못하고 순간순간 반응하는 하루 패턴과 이러한 흐름 속에서

인생을 바꾸는 하루 습관

자신의 페이스는 없다.

뇌는 자신이 생각한 대로 세팅된다

하루 페이스를 흔드는 노이즈 못지않게 중요한 것이 생각이다. 모든 일에는 문제가 있고, 고난이 찾아오는 벽이 발생한다. 하루에도 수많은 유혹과 벽에 부딪혀 습관이 무너지는 경우가 자주 발생한다. 그러나 벽을 허물고 뛰어넘으면 대나무와 같은 성장의 새로운 마디가 새로 생긴다. 그 벽을 뚫으면 뚫을수록 습관은 단단하게 자리 잡는다. 다시 말해서 벽은 기회다. 극복하면 할수록 습관이 형성되고 있는 것이고, 목표를 향해 잘 가고 있다는 반증이다. 벽을 뚫고 목표까지 도달한 이에 대해 탁월하다고 표현한다. 이에 필요한 것이 생각이다.

'할 수 있다고 생각하면 할 수 있고, 할 수 없다고 생각하면 할 수 없다'라는 말을 들어보았을 것이다. 뇌가 느끼는 피로는 생각 그 자체일 뿐이라고 한다. 몸이 힘들어서 집중력이 떨어지고 페이스가 흔들린다는 것도 하나의 착각에 지나지 않는다는 것이다. 피곤하다는 말을 함부로 하지 말라는 것도 의외로 과학적 근거가 있는 말이다. 이러한 생각에 필요한 것이 앞서 '완충 시간 확보'에서도 밝힌 것처럼 자기 암시다. 기계가 아닌 이상 꾸준한 페이스를 유지하기는 쉽지 않다. 여러 요인으로 매일매일 흔들릴 때 '나는 할 수 있다. 가능하다'라는 자기와의 내적 대화가 필요하다. 일종의 마인드 컨트롤인 자기 암시다. 마라톤 선수가 마지막 골인 지점까지 한 발 한 발 달리는 것도 일종의 자기 암시다. '힘들다. 뒤처지고 있다' 등의 부정 생각을 버리고 '나는 움직인다. 목표까지 완주한다'라는 자기 암시를 수십, 수백 번 반복하고 있는 것이다.

일, 공부, 독서 등도 크게 다르지 않다. 집중하는 도중에 갑자기 뇌에서 의도치 않은 과거 생각이 떠오르거나 '그만해야겠다. 어렵다. 힘들다' 등의 부정적인 생각이 밀려오면 잠시 생각 정리가 필요한 때다. 바로 이때가 결정적인 순간이다. 뇌를 긍정으로 전환하는 암시를 해야 한다. 집중이 흐트러지거나 부정 생각이 들어오면 '조금 더 하자. 그런대로 할 만하다. 재미있다' 하면서 긍정 암시를 하는, 괜찮은 척하는 의식의 반복이 필요하다.

마찬가지로 '이 정도면 되었다. 여기까지가 나의 한계다'와 같이 스스로 한계를 만들지 말라고 조언한다. 뇌는 자신이 생각한 대로 세팅된다. 가짜 약 복용으로도 치료가 되는 플라시보 효과가 대표적인 예다. 병뚜껑에 부딪혀 스스로 자신의 높이뛰기 한계를 결정해버린 벼룩과, 새끼 때부터 묶여 있던 작은 말뚝을 성인이 되어서도 뽑지 못하는 코끼리의 예에서도 알 수 있다. 모든 것이 마음먹기에 달렸고, 그만큼 생각이라는 것에는 무서운 힘과 능력이 있다. 즉, 하루 페이스의 유지는 생각에 달렸다.

하루 페이스를 유지하라

✦ 하루를 시작하는 아침 일기와 아침 명상은 정신을 위한 세면이자 샤워다. 어려우면 하나의 단어라도 생각하여 그 단어로 하루를 시작하라. 페이스 유지는 아침부터 시작이다.

✦ 머릿속에 노이즈를 주입시키지 마라. 노이즈에 중독된 뇌는 쉽게 지치고 에너지만 낭비된다. 노이즈는 페이스를 흔드는 복병이다.

✦ 각종 알람에 대한 즉각적인 반응은 자신의 페이스를 깨뜨린다. 무의식적인 딴짓 또한 마찬가지다. 모두 집중력을 떨어뜨리고 페이스를 흔드는 복병이다.

✦ 뇌는 자신이 생각한 대로 세팅된다. 할 수 있다고 생각하면 할 수 있고, 할 수 없다고 생각하면 할 수 없다. 그러니 스스로 자신의 한계를 만들지 마라. 하루 페이스 유지는 생각에 달렸다.

작은 일 한 가지를
정하고 지켜라

작은 일이 완벽함을 만든다.

그리고 완벽함은 작은 일이 아니다.

- 미켈란젤로

작은 성공의 누적

"세상을 바꾸고 싶은가? 침대 정돈부터 똑바로 하라!"

"매일 아침 침대 정돈을 한다면, 여러분은 그날의 첫 번째 과업을 완수하게 되는 것입니다. 그것은 여러분에게 작은 뿌듯함을 줄 것입니다. 그리고 그다음 과업을 수행할 용기를 줄 것입니다. 하루가 끝나면 완수된 과업의 수가 하나에서 여럿으로 쌓여 있을 겁니다."

"그리고 혹시 비참한 하루를 보냈다면 여러분은 집에 돌아와 정돈된 침대를 보게 될 겁니다. 여러분이 정돈한 침대를요. 이것은 여러분에게 내일은 할 수 있다는 용기를 줄 것입니다."

위의 글은 미국 해군 사령관 윌리엄 맥레이븐의 텍사스 대학 졸업 축사에서 큰 목표를 위한 작은 일을 강조한 연설의 일부다. 『Make Your Bed』라는 책으로도 출간되었고 유튜브에서도 유명한 콘텐츠다. '세상을 비난하기 전에 방 정리부터 하라'라는, 토론토대 심리학과 교수 조던 피터슨의 말도 스스로를 먼저 돌아보는 것과 작은 일에 대한 강조다.

작다고 결코 무시할 수 없다. 모든 것은 한 발부터가 시작이기 때문이다. 모든 큰일은 작은 일을 소홀히 하지 않을 때 비로소 완벽으로 채워질 수 있다. 목표 달성은 작은 일에 대한 한 발 한 발의 꾸준함에 달려 있다. 꾸준함에는 의지와 의욕의 두 가지가 필요하다. 의지는 자신 생각의 판단과 방향에 의해서 유지되고, 의욕은 동기에 의해서 생겨나고 유지된다.

『습관의 재발견』의 저자 스티븐 기즈는 아주 작은 습관에 대해서 다음과 같은 방법으로 습관화되는 과정과 결과에 대해서 강조했다. 목표는 간단했다. 팔굽혀펴기 1일 1회가 목표였다. 아주 적은 노력만으로도 실천 가능한 작은 목표를 강조한다. 이러한 작은 도전의 장점에 대해서 다음과 같이 말하고 있다. '너무 쉬워 뇌에 스트레스를 주지 않는다. 가벼운 마음으로 시작할 수 있다. 행동에 전혀 제약을 받지 않는다. 비록 작지만 성취감을 느끼고 해냈다는 피드백을 즉시로 받을 수 있다. 시작하고 마무리하는 습관을 뇌에 각인시켜주는 효과가 있다. 매일 반복되는 이 작은 행동은 뇌의 무의식(잠재의식)으로 쌓인다.' 또 이러한 작은 도전의 또 다른 효과로서 목표 이상을 실현하는 경우가 발생되기도 한다는 것이다. 이러한 초과 달성의 효과로 더 큰 동기가 부여되기도 하고, 결국 지속력이 생겨 습관이 형성된다는 것이다.

『아주 작은 반복의 힘(끝까지 계속하게 만드는)』의 저자 로버트 마우어 또한 작은 습관에 대해서 다음과 같이 말한다. '작은 목표의 핵심은 너무 쉬워서 도저히 실패할 수 없다는 것이다. 실패를 하지 않으니 점점 재미가 붙고 다음 단계로 올라가고 싶은 욕구가 생긴다.' 즉, 미국 대공황 시기에 처음 체계적으로 시작했다고 하는 이른바 스몰 스텝(Small Step)을 강조한 것이다.

도대체 습관 만들기가 얼마나 힘들면 이러한 도서가 나왔을까?

작은 성공의 효과

무엇인가를 하나 완성하면 어떤 효과가 있을까? 성취감과 그다음 것도 할 수 있다는 행동력이 늘어난다. 작지만 이러한 성공 습관은 평상시 생활에 영향을 주고, 오늘 하루 무엇인가를 해냈다는 자신감이 누적된다. 더 중요한 것은 다른 것에 집중할 에너지가 남아 있게 된다는 것이다. 이것이 작은 성공의 누적 효과다. 이러한 작은 일이라도 자주 완수하면 실행의 힘과 관성의 힘이 길러진다.

그런데 이 힘을 딴짓에 소비하면 어떻게 될까? 이미 앞서 하루 페이스를 유지하는 데 복병으로 작용하는 노이즈에 대한 이야기를 했었다. 유튜브 1편을 보게 되면 유사한 콘텐츠를 또 보게 된다. 10분, 20분 잠깐 보려고 했던 유튜브 시청이 자기도 모르게 1시간이 넘어간다. TV 시청도 똑같다. SNS도 마찬가지고 게임도 마찬가지다. 이러한 실행의 힘과 관성의 힘을 노이즈에 쏟을 것인가?

유혹을 멀리하고 집중력에 도움을 주는 방법 중에 데드라인을 정하라는 조언을 많이 접해봤을 것이다. 10분, 20분, 30분, 50분 타이머를 정해놓으면 약간의 긴장감도 생기고 집중력도 생긴다. 해냈다는 성취감도 덤으로 따라온다. 필자의 경우도 타이머를 이용한다. 주로 25분 집중 5분 휴식, 또는 50분 집중 10분 휴식을 주로 활용한다. 몸이 힘들고 약간 지친 상태에서는 15분, 5분도 사용한다. 이러한 방법으로 독서도 하고 왼손 글쓰기, 아침 다짐, 하루 복기, 메타인지를 매일 실천하고 있다. 처음에는 무척 힘들었지만 습관이 되니 관성의 법칙으로 그렇게 큰 노력이 들어가지 않게 되었다. 습관화되니 무의식적으로 하게 되었다. 어려운 문제나, 어렵지 않더라도 처음 시도해보는 새로운 문제에 직면할 경우 의식이 작용하게 되며 이는 전두엽에서 많은 에너지를 소모한다. 그러나 습관이 되면 소뇌가 그 역할을 대신하여 적은 에너지로 전환된다. 즉, 이러한 습관은 에너지 효율을 높이는 효과로 작용해서 행동을 이끌며 추진력으로 작용한다.

무엇인가를 생각하거나 행동하게 되면 뇌는 그것을 계속 요구한다. 작은 시작이 걷잡을 수 없는 결과를 야기하는 경우가 비일비재하다. 방향을 잃을지 방향대로 전진할지는 지금 내디딘 한 발에 결정된다. 작게 시작한 일이 연쇄반응을 일으킨다. 그 작은 일, 작은 생각이 소비적인지 생산적인지는 자신이 안다. 5분, 10분을 절대로 가볍게 여기지 마라. 작은 습관 하나하나가 누적되면 실행력과 관성력이 쌓인다.

작은 일 한 가지를 정하고 지켜라

✦ 작은 일이라도 완수하면 성취감이 쌓이고, 누적되면 실행력과 관성력이 몸에 밴다. 이는 하루 복병을 처리하는 힘으로도 작용하고 습관의 발판이 된다. 습관이 되면 에너지 효율이 높아지고 시간을 생산적으로 사용할 수 있게 된다.

✦ 작다고 무시하지 마라. 작아도 쉽지 않다. 그 작은 것을 미루지 않고 오늘 해내는 것이 습관의 출발점이다.

사색하는 시간을
확보하라

배우기만 하고 생각하지 않으면 얻는 것이 없고,

생각만 하고 배우지 않으면 위태롭다.

- 공자

상상이 모든 것을 조리한다.

상상은 이 세상의 모든 것,

즉 미와 정의 혹은 행복을 창조한다.

- 파스칼

생각 에너지

생각은 에너지다. 생각의 효과와 무서움에 대해서는 이미 강조했다. 보이지 않지만 그 파장력은 엄청나다. 생각의 방향이 곧 삶의 방향이 된다. 19세기 스위스의 정신과 의사이자 심리학자인 칼 구스타브 융이 처음 사용한 싱크로나이시티(Synchronicity, 동시성)에 대해서 한 번쯤은 들어봤을 것이다. 쉽게 말해서, 의도치 않게 어떤 현상이 나타나는 우연의 일치를 말한다. 어떤 숫자가 반복되어서 나타나거나, 갖고 싶은 차가 있을 경우 유난히 그 차가 눈에 더 자주 보이는 우연을 뜻한다. 무언가를 강렬히 생각하거나 지속적으로 생각하면 현실에 더 자주 발생한다는 것이다. 이러한 말이 쉽게 믿어지는가?

좀 더 확대해서, '상상하라, 꿈은 이루어진다'와 같은 내용의 도서들이 많다. 일명 '끌어당김의 법칙'이라는 부류의 책들이 출간되어 베스트셀러가 되기도 했다. 목표가 달성된 상황을 계속 상상하고 원하는 것에 대해 계속 생각하면 현실화될 가능성이 점점 높아진다는 것이다. 이러한 내용에 대해 부정적인 심리학자도 있고, 긍정적인 입장의 심리학자도 있다. 필자 또한 긍정적인 입장이다. 스포츠 분야에서 이러한 훈련으로 효과를 보는 내용에 비추어보면 완전히 비현실적인 것만은 아니다. 생각을 하지 않거나 부정적으로 생각한다면 될 일도 안 된다. 당연히 생각하고 집중하면 그 방향으로 더 많은 시간과 더 많은 관심을 갖게 된다. 상상하고 집중하면 자신도 모르게 무의식적으로 그 방향으로 끌려가게 된다. 다시 말해서 자신을 스스로 끌고 가는 주도적인 삶의 법칙이 된다. '끌어당김'은 약간 신비주의 어감이 있지만 '끌고 가는'은 주도적인 어감이 든다. 기존의 도서에서 주장하는 것처럼 주변의 것을 끌어당길 수도 있겠지만, 한 곳에 집중한 자신의 생각으로 인해 자신이 그곳을 향해 가게 되는 것이다. 그곳을 향해 가고 있으니 그것을 만날 확률이 높아지는 것이다. 확률이 높아지니 기회도 더 많이 생기고 달성될 가능성이 높아지게 된다. 이는 자신이 주로 하는 생각에 대한 결과다. 그래서 생각은 결과를 좌지우지하는, 보이지 않는 에너지이며 무서운 파장력을 갖고 있다.

 공부든 독서든 일이든 중요한 것이 생각이다. 좀 더 무거운 단어로 표현하면 사색이다. 또한 자신의 미래를 위한 구상이나 정신적인 자존감 확보에도 사색이 중요한 역할을 한다. 사색이라고 해서 거창하게 준비할 필요는 없다. 3분, 5분의 짧은 시간 동안 사색을 하더라도 그 효과는 대단히 크다. 이러한 사색은 긍정적인 자기 암시이자 생산적인 생각 도구이다. '힘들수록 멀리 보라'라는 말도 있다. 가파른 길을 가고 있어도 정상을 상상하면 그래도 힘이 솟는다. 문득 포기하고 싶은 상황이 머릿속을 지배해도 골인 지점을 생각하고 그 상황을 상상하면 힘이 솟는다. 스포츠에서 사용하는 일종의 이미지 트레이닝 훈련처럼 이미 달성된 상황을 상상하라. 뇌는 상상과 현실을 구분하지 못한다고 한다. 이러한 생각이 자신을 이끌고 가는 에너지며, 언제든지 찾아올 수 있는 복병에 대적할 정신적인 도구인 것이다.

사색 도구

사색 도구의 최고는 단연 독서다. 한 챕터를 읽은 후 내용을 정리해보거나 내용에 대한 자신의 생각을 정리해볼 수 있다. 책의 내용에 공감하는 경우도 있겠지만 책의 내용과는 다른, 자신의 고유한 생각이 꼬리를 물 때도 있다. 이때 생각을 조금 더 길게 하면 된다. 작가는 왜 이런 생각을 할까? 다른 책의 내용과 공통점도 있지만 좀 다른 면도 있네? 내 생각과 다른데 내 생각이 잘못된 걸까? 물론 책을 읽으면서 이러한 관점에서의 독서도 필요하지만 읽고 난 후의 사색도 생각 정리에 큰 도움이 된다.

책을 다시 예로 들면, 작가마다 강조하는 방식이나 책의 구성이나 문장 구조에 조금씩 차이가 있다. 처음 읽을 땐 조금 낯설 때가 있다. 필자의 경우 3번 정도 읽는다. 정독-속독-속독, 속독-정독-속독, 속독-속독-정독 등 책에 따라 읽는 방식을 좀 달리한다. 처음부터 순서대로 읽어야 하는 책이 아니라면 목차를 보고 관심 가는 부분을 먼저 읽고 나서 정독하기도 한다. 어떤 책은 제일 마지막 챕터를 먼저 읽기도 한다. 책에 따라 시간에 따라 그때그때 달리 읽는다. 단, 공통점은 반복해서 읽는다는 것이다.

기간이나 주기도 달리한다. 어떤 책은 속독 후 바로 다시 정독하는 경우도 있고, 1주일 또는 한 달 정도의 시간을 두고 다시 읽기도 한다. 그러나 가장 많이 쓰는 방식은 일단 정독을 먼저 하는 것

인생을 바꾸는 하루 습관

이다. 중요한 부분은 밑줄을 긋거나 페이지를 접어놓는다. 또한 각 챕터의 핵심 단어나 문장, 또는 내 자신의 생각을 책 안에 적어놓는다. 반복 독서에 참고하기 위해서다. 한 번만 읽은 책은 좀처럼 내 것이 되지 않는다. 필자의 경우가 그렇다. 반복할수록 사색할 재료가 더 많이 생김은 물론이고, 반복해서 읽을수록 내 생각의 오류도 더 발견되고 넓이와 깊이가 달라짐을 배운다.

시청각을 동시에 자극하는 유튜브, 블로그, 페이스북 등의 콘텐츠도 물론 도움이 된다. 그러나 일부 콘텐츠의 경우 현란하고 자극적인 경우도 있다. 광고 등으로 주변이 산만하기도 하다. 형형색색 다양한 정보에 뇌는 정신이 없다. 오로지 글자, 문맥에만 집중할 수 있는 단순한 구조의 책만큼 생각을 키울 수 있는 도구는 아직 없다.

'남의 책을 많이 읽어라. 남이 고생하여 얻은 지식을 쉽게 내 것으로 만들 수 있고 그것으로 자기 발전을 이룰 수 있다'라는 소크라테스의 명언처럼 책은 사색의 최고 재료다. 10년, 50년, 100년 또는 그 훨씬 이전의 책을 읽어보면 지금 내가 고민하고 있는 문제에 대해 생각하는 데 좋은 소스가 많다. 지금 자신이 고민하고 있는 내용과 동일한 내용이 발견되기도 한다. 제대로 가고 있는지, 다른 길로 가야 할지 주변의 멘토로부터 조언도 필요하지만 책을 통한 사색이 의외로 큰 도움이 된다는 것은 이미 많은 도서에서 강조하고 있다.

사색 방법

'생각이 바뀌면 행동이 바뀌고, 행동이 바뀌면 습관이 바뀌고, 습관이 바뀌면 운명이 바뀐다.' 이 말은 이미 잘 알려져 있고, 어쩌면 진부할 수도 있는 말이다. 이러한 글들을 자주 상기시켜 뇌에 각인시키는 것이 중요하다. 『위대한 자기 혁명』의 장영권 작가는 생각의 힘에 관해 다음과 같이 말했다. "이 세상을 바꿀 수 있는 단 하나가 있다면 무엇일까? 그것은 생각이다. 생각은 모든 것을 바꿀 수 있는 엄청난 힘을 갖고 있다. 생각이 모든 것이다."

그렇다면 이러한 생각의 힘, 생각 에너지를 생산적, 창조적으로 사용하는 방법은 무엇일까? 바로 질문이다. 즉, 질문은 생각을 이끌고 생각의 차이가 모든 것의 차이를 만든다. 사색을 하다 보면 자연스럽게 '왜? 어떻게?'라는 질문들이 떠오른다. 연쇄반응이 일어난다. 작은 생각이 깊은 사색으로, 깊은 사색이 질문으로, 질문이 다시 생각으로 꼬리를 문다. 이것이 생각 에너지를 생산적으로 사용하는 것이다.

또한 사색은 자칫 옆길로 빠지는 자신을 잡아준다. 사색은 하루의 복병으로 인해 자신도 모르게 자신의 생각을 빼앗기지 않게 잡아준다. 주변의 노이즈를 차단하고, '왜 이 일을 하는지? 무엇을 하고 싶은지?' 늘 생각하는, 사색하는 습관이 하루를 의미 있게 보낼 수 있는 힘의 원천이 된다.

목적을 달성한 사람과 그렇지 못한 사람의 차이는 능력에 앞서 그 사람이 가진 생각의 힘에서 비롯된다. 하루를 가볍게 헛되이 보내지 않고 제대로 된 습관을 만드는 것은 생각에서 시작된다. 하루를 돌아보고 원하는 것에 집중하는 하루가 생산적인 하루인 것이다. 잊지 말자. 사색은 하루에도 수없이 찾아오는 복병을 타개하는 필수 도구다. 사색에 의해 하루가 만들어지고 습관이 만들어지고 자신이 만들어진다.

사색하는 시간을 확보하라

✦ 생각이 모든 것의 출발점이다. 생각한 대로 움직이고, 생각한 대로 만들어진다. 생각은 결과, 즉 물질을 결정짓는 요인이다.

✦ 더 많이 생각하고 더 많이 집중할수록 그 방향으로 자신을 끌고 가게 된다. 그곳을 향해 가고 있으니 그것을 만날 확률이 높아진다. 확률이 높아지니 기회도 더 많이 생기고 달성될 가능성이 높아지게 된다. 즉, 생각이 자신을 만들고 자신이 원하는 것을 만드는 원천이다.

✦ 사색의 최고 방법은 질문이다. 자신이 원하는 것, 하고 싶은 것, 하는 이유를 늘 생각하라. 질문은 뇌를 깨우고 창조적으로 활동하게 하는 도구다.

하루에 여러 번
끊임없이 질문하라

가장 중요한 것은 질문을 멈추지 않는 것이다.

- 앨버트 아인슈타인

질문의 힘

왜 질문하는가? 질문은 왜 중요할까? 질문의 장점은 무엇일까? 질문은 변화, 성장의 촉매다. 사소한 질문이라도 아주 작은 변화를 견인하고 새로운 방향을 제시해주는 촉매 역할을 한다. 질문은 호기심과 궁금증을 유발시킨다. 질문을 받으면 뇌는 순간 긴장하고 집중하게 된다. 답을 찾기 위해 반사적으로 행동하게 된다. 집중은 딴생각이 끼어들 틈을 주지 않게 해주고 지속할 수 있는 힘을 준다. 질문은 또 다른 질문을 유발한다. 질문은 집중력이고, 집중력은 시간을 밀도 있게 사용하게 해준다. 결국, 모든 결과는 질문에서 시작되었다고 해도 과언이 아니다. 질문은 지속, 끈기의 원천이자 하루 복병을 타개하고 하루 페이스를 유지하는 삶의 최고 도구다.

유아기 어린이의 경우 본능적으로 질문한다. "왜 사진을 바로 볼 수 없어요?"라는 딸아이의 질문에 의해서 만들어진 폴라로이드 카메라가 그렇다. 그러나 성장할수록 규칙을 배우고 프레임에 적응해 가며 질문이 점점 없어진다. 질문이 없어진다는 것은 '자신'이라는 존재를 스스로 만드는 주도적인 삶이 아니라 타의에 의해 만들어져 가고 있다는 반증이다. 개인의 성장을 위해서는 물론이고, 하루를 제대로 보내기 위해 질문은 절대적이다.

> "모든 행동에 있어서, 그것이 누구에 의해 행해지든 '이것
> 을 하는 목적이 무엇인가?'라고 질문하는 습관을 들여라.
> 그러나 이 질문을 누구보다도 먼저 자기 자신에게 하라."

이는 로마제국을 20년 넘게 다스렸던 16대 황제 마르쿠스 아우렐리우스의 『명상록』에 있는 내용이다. 그의 출생년도는 121년도다. 그때도 질문이 삶의 필수 도구였다.

어린아이나 로마 황제나 질문의 본질은 똑같다. 하루를 충실히 보내기 위해서는 '나는 누구인가? 왜 사는가?' 등 형이상학적이고 거창한 질문도 필요하겠지만 좀 더 실용적인 질문도 필요하다. '지

금 하고 있는 일이 자신의 목표에 도움이 되는가?'라고 자문해야 한다. '지금 내가 이 일을 왜 하고 있는가? 지금 일하고 있는 방식이 맞는 건가? 지금 해법이 올바른 방법인가?'와 같은 질문은 일을 효과적으로 할 수 있게 하는 원동력이 된다. 또한 질문의 습관은 목표까지 이끌어줄 지속력과 동기를 제공한다. 질문에 답이 있다는 말은 괜히 하는 말이 아니다. 질문은 최고의 도구다. 절대적인 요소다.

독서를 할 때도 마찬가지다. 책을 읽을 때 글자 하나 또는 문장 하나에 빠지는 경우가 종종 있다. 숲을 보지 못하고 나무만 보는 경우를 말한다. 책을 읽을 때도 질문하는 습관으로 독서를 하면 효과가 배가된다. '이 챕터에서 핵심 단어는 무엇인가? 핵심 문장은 무엇인가? 이 책의 주제는 무엇인가? 작가가 강조하는 내용은 무엇인가?' 등의 질문을 하며 독서를 하면 집중력이 훨씬 높아진다.

또 다른 큰 이득으로는, 질문을 하면서 독서를 하다 보면 자기만의 사고력이 동시에 작동하게 된다는 것이다. 이는 책을 그대로 수용하는 수동적인 독서에서 능동적인 독서를 하게 한다. 때론 작가에게 질문하고 싶어지는 경우도 발생한다. 이렇게 질문해가며 독서를 하면 책의 내용도 더 잘 기억된다. 질문 하나로 몰입이 가능해지고, 집중력, 사고력, 기억력에도 효과가 크다.

벤저민 하디의 『최고의 변화는 어떻게 만들어지는가』에 소개된 영국 조정 팀은 2000년 시드니 올림픽에서 금메달을 따기 전까지

1912년 이후로 금메달을 따지 못한, 만년 꼴찌였다. 팀원들은 2000년 시드니 올림픽을 준비하면서 단 하나의 질문에만 집중했다. '그렇게 하면 속도가 빨라질까?' 훈련을 할 때나 사생활에서도 모든 상황에서 '속도가 빨라질까?'라는 질문을 던졌다. '예'라는 답변이 나오면 실행에 옮기고, '아니요'라는 답이 나오면 실행하지 않았다. 매우 단순하지만 목표에 집중할 수 있는 간단한 방법이다. 이미 널리 알려져 있는 도요타의 '다섯 번 질문법'도 질문의 효과를 강조한다. 생산 라인에 문제가 발생하면 최소 다섯 번의 '왜'라는 질문으로 문제의 근원을 파헤친다. 이 질문법으로 생산성을 향상시키고 세계 제일의 품질을 달성했다.

심리학자인 로버트 마우어는 『아주 작은 반복의 힘』에서 질문의 힘에 관해 다음과 같이 설명하고 있다. "질문은 원래가 뇌에 부담을 주는 속성이 있다. 질문은 재미있어야 한다. 재미있으려면 작아야 한다. 작은 질문을 던지게 되면 방어 반응을 통제하는 기관인 편도체는 조용히 잠들게 되고, 놀기 좋아하는 대뇌피질이 깨어나 창의적으로 반응하게 된다"라며 작은 질문을 강조한다. 또한 하루의 잘한 일 한 가지라도 좋으나 일기장에 긍정 단어나 문장을 기록하면 효과는 기대 이상이라 한다. 변화하고 싶다면 작고 긍정적인 질문을 습관화해야 한다고 강조하고 있다.

『어포메이션』에서도 소개되었던, '힘 빼는 질문 vs 힘 주는 질문'이 있다. '객관적으로 봐도 우리 팀은 그 팀과 실력 차이가 너무 많이 난다. 우리가 승리할 수 있을까? 내가 이것을 할 수 있을까?' 힘 빼는 질문이다. 유치하지만 '할 수 있다. 어떤 방법이 있을까?' 이처럼 힘 주는 질문은 너무 당연한 말이지만 생활에 적용이 잘 안되는 경우가 많다.『질문의 7가지 힘』의 저자 도로시 리즈는 그의 저서에서 다음과 같이 말한다. "원활한 대화와 창조적 사고를 가능하게 하는 비결은 바로 질문이다. 질문은 답을 구하고 생각을 자극하고 마음을 여는 역할을 한다. 또한 타인과의 소통 도구이기도 하다"라고 강조한다. 팀 페리스의『타이탄의 도구들』에 서술된, 강력한 행동을 끌어내는 7가지 질문 등 질문을 강조하는 도서들이 넘쳐난다. 이나모리 가즈오의『왜 일하는가?』는 제목 자체로 모든 것을 말해준다.

질문은 자극을 주고, 자기 통제력과 집중력에 도움을 준다고 했다. 앞서간 이들, 성공자라 불리는 많은 사람들의 공통점 중에 하나는 끈기, 지속력을 갖춘 자들이다. 엔절라 더크워스의『그릿』과 캐롤라인 애덤스 밀러의『끝까지 해내는 기술』에서도 '자기 통제력'과 '끈기', 즉 지속의 힘을 강조한다. 이러한 지속력의 근원은 어디서 나오는 것일까? 질문의 힘에 달려 있다. 질문은 단순히 답을 찾아가는 것이 아니라 변화와 성장 그 자체다.

최고의 질문?

질문 중 최고의 질문은 어떤 질문일까? 단연코 자신에게 던지는 질문이다. 자신한테 하는 질문만큼 가치 있는 질문은 없다. 질문이 솔직할수록 더 좋은 해법을 찾을 수 있다. 대부분 자신에게 어떤 질문을 할지, 어떤 대답을 할지 이미 알고 있다. 자신과 소통하고 자신을 컨트롤하는 도구로 질문만큼 좋은 것은 없다.

하루의 시작과 끝은 매우 중요하다. 작은 것이 모여 큰 것을 이룬다는 것은 이미 잘 알려진 진리다. 절대 하루를 소홀히 보내지 마라. 우리 삶의 기본 단위는 '하루'다. 하루를 제대로 보낸다는 것이 말처럼 그리 쉽지는 않다. 이때 필요한 것이 자신을 향한 질문이다. **'오늘 하루 어떻게 보낼 것인가? 오늘 하루 어떻게 보냈는가?'** 하루를 질문으로 시작해서 질문으로 마무리하라. 질문으로 시작하는 하루, 질문으로 마무리하는 하루. 질문은 곧 하루 복병을 이겨내고 페이스를 유지시켜 자신을 꾸준하게 성장시키는 최고 도구다.

이제 마지막으로 다음 챕터부터 주도적인 삶을 위해 하루를 움직이는 5가지 멘탈, 즉 의식 혁명, 열정 혁명, 자기 혁명, 복기 혁명, 메타인지 혁명을 살펴볼 것이다. 하루 습관을 완성하는 데 필수적 요소인 이 5가지의 도구도 바로 '질문'이다. 하루를 내 것으로 만들고, 흔들리는 동기를 바로잡고, 자신과의 약속을 지키고, 꾸준함을 유지하고, 항상 자신을 관찰하여 목표를 달성하는 데 필요한 것 한 가지를 꼽으라면 단연코 '질문'이다.

하루에도 여러 번 끊임없이 질문하라

✦ 질문이 답이다. 또한 질문은 행동과 변화, 성장의 촉매다.

✦ 질문은 지속과 끈기의 원천이자 하루 복병을 타개하고 하루 페이스를 유지하는, 삶에서 최고의 도구다.

✦ 최고의 질문은 무엇인가? 단연코 자신에게 던지는 질문이다. '오늘 하루 어떻게 살 것인가? 오늘 하루 어떻게 보냈는가?'

모든 시작은 어렵다. 마무리는 더 어렵다.
절실함으로 시작했건 열정으로 시작했건,
중간중간 예상치 못한 난관이 항상 일어난다.
그래서 끝까지 가는 힘, 습관, 루틴이 필요하다.
그렇다면, 하루를 제대로 보내고
습관을 만들기 위해 필요한 것은 무엇인가?

4장

하루를 움직이는 5가지 멘탈 혁명

들어가기에 앞서

　하루를 움직인다는 것은 결국 자신을 움직이는 것이다. 행동 없는 목표는 망상에 불과하다. 자신을 움직이기 위해서는 의식이 필요하고, 지속하기 위한 열정이 필요하다. 하루를 제대로 보내기 위해서는 스스로에게 한 약속을 지켜야 한다. 약속을 잘 지켰는지 하루 복기로 성찰하는 과정이 필요하다. 이러한 모든 것이 결국 자신을 관찰하는 메타인지에서 시작된다. 지금 내가 무슨 생각을 하고 있는지, 어떤 대상에 어떤 생각으로 에너지를 소모하고 있는지 스스로를 관찰해야 한다. 매 순간 자신이 생각하고 행동하는 것을 스스로 알아차리는 것이 필요하다.

　하루는 인생의 축소판이고 삶의 기본 단위다. '의식, 열정, 약속, 복기, 메타인지'의 5가지 멘탈로 자신의 하루를 주도하라.

오늘의 1시간은
내일의 2시간이다
- 의식 혁명

오늘의 식사는 내일로 미루지 않으면서

오늘 할 일은 내일로 미루는 사람이 많다.

- 칼 힐티

작심삼일

의식 혁명을 5단계 중 첫 번째로 둔 이유는 열정 혁명, 자기 혁명, 복기 혁명, 메타인지 혁명의 기본이기 때문이다. 그러나 엄밀하게 보면 이 다섯 가지에 순서는 없으며, 각각의 것이 모두 다 연결되어 있다.

『뇌 과학의 모든 역사(저자: 매튜 코브)』 책을 보면 '의식'에 대해 영국의 심리학자 스튜어트 서덜랜드의 말을 인용하여 역설적으로 표현하고 있다.

인생을 바꾸는 하루 습관

"의식이란 대단히 흥미롭지만 이해하기 어려운 현상으로, 이것이 대체 무엇인지, 무엇을 하는지, 혹은 왜 생겨났는지 규정하기가 불가능하다. 이와 관련하여 지금껏 읽을 만한 가치가 있는 글이라곤 전무하다."

달리 말하면, 의식에 대해서 유의미한 여러 연구 결과들이 계속 발표되고 있지만 인간의 의식에 대해 완전한 해석은 아직 없는 상태라는 것이다. 단, 몇몇 연구 결과들은 자기계발서 및 습관에 관한 도서를 통해서 독자들에게 공감을 형성하고 있지만 불완전한 부분도 있고 모든 사람들에게 똑같은 효과를 주지는 않는다는 것이다. 이 책에서 '의식'은 우리 삶에 있어 하루라는 단위에 대한 중요성을 인식(의식적으로 의식)하고 이 하루를 효율적으로 사용하기 위해서 시간의 중요성을 인식(의식적으로 의식)하기 위한 측면에서 '의식 혁명'을 다루고자 한다.

누구나 경험이 있을 것이다. 오늘 1시간 동안 체중감량, 독서, 영어 공부 등의 계획을 미루어본 경험은 누구나 있을 것이다. 오늘 보내버린 1시간의 가치는 어느 정도일까? 내일은 오늘 못한 1시간 분량까지 합해서 2시간을 해야 한다. 실제 가치는 2시간 그 이상이다. 1시간이 아닌 2시간을 집중해야 하는 에너지 과소비는 물론이고 심리적으로 어제 못한 것에 대한 후회와 자신 스스로에 대한 불만족 등 마음이 편하지 않기 때문이다. 더 큰 변수는, 내일은 또 어떤 상황이 벌어질지 모른다는 것이다. 이런 상황이라면 하루를 주도하지 못하고 끌려가는 수동적인 하루가 되어버린다. 이처럼 수동적인 상황과, 스트레스와 심리적 압박이 있는 상황에서는 습관으로 자리 잡기 어렵다. 그런데 또 모레도 안 한다면? 작심삼일이다.

리셋이다. 당신의 하루, 아니 삼 일 이상이 리셋된 것이다. 계획을 다시 잡고 마음도 다시 잡아야 한다. 작심삼일도 습관이다. 작심삼일의 무서움을 알아차려야 한다. 작심삼일을 자주 하면 뇌는 그렇게 길들어진다. 이런 상황이 반복되면 자신감도 떨어지고 삶이 재미도 없고 점점 우울해진다. 당신의 관심은 자연스럽게 지인과 수다를 떨거나, 유튜브, TV, 게임 등으로 자신을 위로하는 쪽으로 향한다. 매우 달콤하다. 스스로 합리화도 하고 기분도 조금 좋아진다. 그러나 계속 마음 한구석이 불편하다. 해야 하는 건 알겠는데, 시도하면 작심삼일의 연속이고 지속하지 못하니 습관이 잡히지 않는다.

의식과 무의식

『심리학, 미루는 습관을 바꾸다』의 저자 윌리엄 너스는 미루는 습관을 바꾸는 방법으로 인지-정서-행동 3단계의 방법을 제시한다. 쉽게 풀어쓰면, 미루는 심리가 발동하면 재빠르게 인지하고(의식적으로 의식하고) 그것을 감정적인 정서로 컨트롤하고 즉시 행동하라는 것이다. 이 책은 각 단계별로 사례를 들어가며 자세히 설명하면서도, 변화무쌍한 인간 심리에 대해 이 방법이 정답이라고 하지는 않지만 본능적으로 게을러지고 미루는 습관에 젖어 있는 심리에 관한 연구와 실험으로서 미루는 습관을 개선하는 데 도움이 될 것이라 제안하고 있다.

습관에 대한 다른 각도로 무의식에 대해 강조하는 학자들이 말하는 공통적인 내용은 다음과 같다. '무의식을 점령하라!' 두 가지 의식이 공존한다. 의식하는 의식과 의식하지 않는 의식, 즉 무의식이다. 의식은 새로운 것을 마주할 때 어떻게 받아들일지를 생각하고 분석하는 반자동 영역이다. 반면에 반복적인 패턴, 습관에 의해 형성되는 무의식은 자동화 영역이라 한다.

즐겁지도 않고 끌리지도 않는 대상이거나 도움이 안 된다고 판단되는 대상은 의식적으로 밀어낸다. 무의식, 즉 자동화 영역으로 흡수하지 않는다. 낯선 일 혹은 환경을 마주하게 되면 의식적으로 불편함을 느낀다. 기존의 무의식에 없었던 대상이기 때문이다. 차츰 시간이 지나면서 의식적으로 좋은 점을 발견하게 되면 적응하게 되어 무의식 영역으로 자리 잡기도 한다. 하지만 생존하기 위해서 마지못해 적응한 경우는 의식이 계속 작용하는 상태이며, 아직은 무의식으로 넘기기에 만족스럽지는 않은 상황이다. 무의식 영역으로 일단 흡수시키기지만 마음 한편에는 불편함이 남아 있게 된다. 무의식으로 흡수하여 습관화하기까지 의식적인 과정이 계속 필요한 것이다. 또한, 무엇인가를 새롭게 하려고 목표를 설정하고 자신 스스로 참고 노력하자는 생각이 들면 무의식 영역으로 넘어가기까지 어려운 상황이 발생하게 된다. 이런 상황이 되면 항상 의식적으로 실행해야 하며 의식하게 되니 에너지도 많이 소모되며 당연히 스트레스를 받게 되고 지속력이 떨어지게 된다. 목표 달성에 대한 기대감으로 시작했던 동기는 탄력을 잃고 점점 밀리게 된다.

반면에, 자신이 좋아서 하는 것은 누가 시키지 않아도 스스로 하게 된다. 좋아하는 것(또는 이미 무의식에 자리 잡혀 있는 것)을 하게 되면 의식하지 않아도 거의 무의식적으로 자연스럽게 하게 된다. 자전거를 배울 때를 생각해보면 쉽게 알 수 있다. 처음에는 모든 것 하나하나에 의식이 작용하고 많은 에너지가 소모되지만, 숙달되면 배울 때 의식했던 것들을 어느 순간 의식하지 않게 된다. 자전거를 타면서 동시에 전화도 하고 다른 행동도 자연스럽게 할 수 있게 된다. 또한 자신에게 이롭거나 자신을 즐겁게 한다면 흡수하게 되고, 이를 반복해서 실행하면 무의식 영역으로 굳어지게 된다. 이 과정이 누적되어 또 하나의 무의식 영역이 형성되고, 이것이 자신의 아이덴티티가 되어 무엇인가를 행할 때나 타인과 교류할 때 또는 자신이 혼자 있을 때 자연스럽게 겉으로 드러나게 된다.

『초집중』의 저자 니르 이얄은 '본짓'을 방해하는 '딴짓'의 내적, 외적 요인을 분석하며 현시대의 디지털 문화 패턴과 산만한 상태, 즉 '딴짓'의 습관으로 '본짓'을 하지 못하는 인간의 감정과 습관 컨트롤의 중요성에 관해 설명하고 있다. 이러한 내적, 외적 요인으로 유혹하는 딴짓이 발동되면 딴짓을 당장 끊거나 없애기는 쉽지 않다. 단, 이것이 딴짓임을 의식적으로 파악하는 것이 중요하고, '본짓'을 해야 한다고 스스로 의식하는 것이 필요하다는 것이다. 또한 미루지 않고 지속하기 위한 방법으로 『초시간뇌』의 저자인 일본의 뇌과학자 토마베치 히데토는 행동 및 습관에 대해서 불가능할 정도의 큰 목표를 설정하라고 제안한다. 큰 대상일수록 준비하는 마음가짐도 커지고 기대감도 커진다. 큰 대상일수록 뇌는 그 대상을 처리하기 위해 무의식적으로 작용하고 그 효과로 행동 컨트롤에 영향을 준다고 한다.

지금도 학계의 전문가들은 미루는 습관, 흔들리는 감정 등에 대해 여러 각도에서 활발한 연구를 지속하고 있다. 하지만 아직은 뚜렷한 방법이 제시되지는 않고 있다. 본능적으로 내적 감정이나 외적 유혹 등으로 흔들리는 하루를 보내게 되며, 집중력이 약해지고 지속하지 못하게 되어 미루게 되고 습관이 무너진다. 즉, 무엇인가를 미루지 않고 지속하기 위해서는 당연히 동기가 뒷받침되어야 하고 자신을 컨트롤하는 의식이 필요하다. 무의식 영역으로 자리 잡힐 때까지, 다시 말해서 습관으로 자리 잡을 때까지 의식화 역할이 필요한 것이다.

무의식(잠재력)에 대해 잠시 살펴보자. '믿는 만큼 보인다'라는 말이 있다. 보이지 않는 것은 잘 믿지 않는다. 의식과 무의식은 보이지 않는다. 특히 잠재력이라 불리는 무의식은 더 그렇다. 의식은 자신이 알아차릴 수 있기에 어느 정도 믿게 되지만 잠재력이라 불리는 무의식은 웬만해선 잘 믿지 않는다. 통상 말한다. 의식이 10%, 무의식이 90%다. 많은 이들이 무의식, 즉 잠재력을 깨워야 성장할 수 있다고 강조하고 있다. 다른 표현으로 자각(Awake)이라고 한다.

당신은 자신을 믿는가? 자신을 믿는 것, 자신을 신뢰하는 것이 자각이고 모든 일의 시작점이다. 자기 신뢰는 내면의 무의식을 건드리고 잠재력을 깨운다고 한다. 자신을 믿는다는 것은 일종의 자기 암시이기도 하다. 즉, 자기 신뢰는 자신의 고유성을 드러내고 잠재력을 깨운다. 이와 같이 자신을 향한 의식화를 자주, 강하게 할수록 무의식 영역이 깨어난다고 한다.『마음의 연금술』의 저자 웨인 다이어는 의식을 컨트롤해야 함을 다음과 같이 강조하고 있다. "마음을 집중해서 우리의 의식을 방해하는 생각을 하지 않는 연습을 해야 한다. 그렇게 뇌를 단련하다 보면 기적을 만날 수 있다." 이렇게 의식적으로 자각하는 의식화를 통해서 습관이 만들어지고 습관은 무의식 영역으로 자리 잡는다. 즉, 습관은 자신의 잠재력을 깨우고 자신의 고유성(정체성)을 드러나게 해준다.

아무리 적은 시간, 아무리 작은 목표라도 미루지 말고 의식적인 생각과 행동으로 밀어붙여라. 어떤 일이든 시작하는 데는 의식이 작용한다. 이 의식이 어느 정도 지속되면 관성이 붙고, 관성이 붙으면 습관으로 자리 잡혀 추진력이라는 무기를 얻게 된다. 눈덩이 효과(Snowball effect)를 보게 된다. 작은 것이라도 완성하면 성취감이라는 에너지가 뇌에 각인된다. 오늘을 완성하면 내일도 완성할 수 있다는 자신감이 생긴다. 오늘 하루를 내 것으로 완성했으니 내일도 할 수 있다. 내일도 완성하면 모레도 할 수 있다. 누적될수록 성취감과 자신감이 증가한다. 누적될수록 무의식 영역으로 자리 잡힌다. 그래서 오늘의 10분이든 1시간이든 미루지 않겠다는 의식화가 필요하다.

하루 중 1시간의 상징적인 의미를 절대로 가볍게 보아서는 안 된다. 시간은 하루를 완성하는 기본 단위다. 하루가 모여 한 달이 되고 1년이 되듯이, 오늘 하루는 1분이 모여 1시간이 되고 1시간이 모여 하루가 된다. 1시간의 가치를 의도적으로 의식화하는 것이 중요하다. 오늘 1시간을 버리면 내일은 2시간 이상의 에너지가 필요하게 되고 수동적으로 끌려가는 하루가 되며 습관화되지 못하는 악순환으로 이어진다. 10분이든 1시간이든 오늘 하기로 했던 것을 절대로 미루지 않겠다는 의식 혁명이 필요하다. '10분만 쉬겠다'라는 의식도 자신의 생각이고, '지금 바로 하자'도 자신의 생각이다.

무엇을 선택할지 자신의 의식에 달린 것이다. '10분만 쉬었다 하자' 가 '내일부터 하자'로 변질된다.

　시간에 대한 의식 혁명은 하루 완성을 위한 제1원칙이다. 시간의 가치를 자각하고, 미루지 않겠다고 의식적으로 인식하는 습관, 즉 하루 매시간의 중요성을 의도적으로 의식하는 것이 필요하다. 이 는 하루를 완성하게 하며 지속하는 힘이자 습관을 구축하는 출발 점이다. 앞서 말했듯이 오늘의 1시간은 내일의 2시간 혹은 그 이상 의 가치가 있는 시간이다. 오늘 1시간을 그냥 헛되이 보내면 내일 은 2배 또는 그 이상의 시간과 에너지가 필요하다. 내일 2배 이상 의 가치가 되는 오늘의 1시간을 반드시 지켜야 한다. 이러한 의식 이 습관을 형성하는 기반이며 주도적인 인생을 위한 첫 단추다. 이 것이 하루 습관의 시작이고 그 시작이 의식이다.

오늘의 1시간은 내일의 2시간이다

✦ 누구나 미뤄본 경험이 있을 것이다. 작은 습관, 큰 습관에 상관없이 '미룸'에 대한 충동은 늘 일어난다. 무의식적으로 딴짓을 하고 싶은 충동이 일어나면 의식적으로 강하게 의식해야 한다.

✦ 뇌는 새로운 습관을 받아들이는 데 많은 에너지를 필요로 한다. 때문에 새로운 습관을 만들려면 그 습관이 무의식 영역으로 자리 잡힐 때까지 의식적인 반복이 필요하다.

✦ 작심삼일을 반복하지 마라. 반복하면 작심삼일 습관이 무의식에 자리 잡힌다. 작심삼일을 반복하면 새로운 습관을 만들기가 더욱더 어려워진다.

✦ 습관은 하루가 중요하다. 오늘 하루를 미루면 무의식에 형성되고 있는 미완 상태의 습관이 리셋된다. 무엇인가를 하기로 결정했다면 무의식에 자리 잡힐 때까지 절대로 미루지 않는 의식 혁명이 필요하다.

절실함보다
가슴 뛰는 것이 먼저다
– 열정 혁명

위대한 것치고 정열 없이 이루어진 것은 없다.

- 랄프 왈도 에머슨

정열은 천재와 같다.

정열에 의해 기적이 생기기 때문이다.

- 로망 롤랑

열정은 에너지다

"우리는 각 분야에서 열정을 다해 노력한 최고의 존재들을
보면서 경이로움을 느낀다. 사람이지만 마치 신의 경지에
도달한 듯한 사람에게 매료된다."(어웨이크, 박세니 저)

설레지 않으면 승산이 없다. 며칠 밤을 새우며 일을 했던 빌 게이츠, 수많은 실패에도 좌절하지 않고 자신의 목표를 달성한 링컨, 60대의 나이에 시작한 사업으로 성공한 KFC, 수많은 반대에도 불구하고 목표를 달성한 스타벅스, 세상을 변화시킨 Think Different의 스티브 잡스 등 나열하자면 끝이 없을 것이다. 이들의 공통점은 무엇인가? 우리는 이들의 성과를 노력과 끈기의 결과라 표현한다. 우리에게는 노력과 끈기로 보였지만 역설적으로 표현하면 사실 그들은 노력한 것이 아니다. 그들의 가슴엔 두근거림이 있었다. 누가 시키지도 않았고 강요도 없이 스스로 한 것이다. 즐기고 있었던 것이다. 열정이 있었기에 지속할 수 있었고, 이것이 성공의 근원이 되어 신의 경지에 도달한 듯한 경이로움을 느끼게 한 자들이다.

TV를 시청하든, 취미로 운동을 하든, 하루 종일 게임을 하든 누구나 몰입과 무아지경의 경험이 있을 것이다. 한 달 내내, 1년 내내 TV만 보거나 게임만 할 경우 1년 뒤 어떤 모습일까? 연속극, 연예인의 정보에 전문가가 되어 있거나 게임 전문가가 되어 있을 것이다. 연예 기획사와 게임을 개발하는 회사와 당신과의 차이는 무엇인가? 생산과 소비의 차이이다. 연예 기획사와 게임 개발사는 기술과 경험이 축적되었고 그중 어떤 회사는 천문학적인 돈을 벌어들였을 것이다. 즉, 시간을 생산적인 곳에 투자한 것이고 당신은 소비적인 곳에 투자한 것이다. 하루도 중요한데 한 달, 1년의 열정을 정반대로 투자한 결과다.

당신의 에너지를 어디에 투자할 것인가? 소비적인 삶에서 벗어나 생산적인 삶으로 변화해야 한다. 열정을 갖고 시작한 일이 수많은 난관에 부딪혀 나락으로 떨어지는 경우도 얼마든지 발생할 수 있다. 수십 번의 좌절로 포기하고 싶은 상황까지 가는 경우도 발생한다. 세상에 존재를 드러낸 이들은 할 수 있다는 자신감과 식지 않은 열정으로 재도전했다. 마지막이라는 절실함을 무기 삼아 재도전한 결과다. 킬링 타임으로 시간을 소비적으로 써버린 것이 아니라 생산적으로 투자한 것이다.

당신 안에도 열정이 있다. 그 에너지를 어디에 투자할 것인가? 끌려가는 삶이 아니라, 그 열정 에너지로 자신을 끌고 가는 삶이어야 한다. 10년 후, 아니 3년, 1년 후 비참한 상황이 되어 있을지 아니면 경이로운 존재가 되어 있을지는 바로 지금 무엇을 하고 있는지, 무엇에 집중하고 있는지에 따라 180도 달라진다.

열정은 멘탈이다

가슴 뛰는 목표가 있는가? 그냥 막연히 무엇이 갖고 싶다라든가, 무엇이 되고 싶은 것이 아닌 구체적인 지향점이 있는 것을 의미한다. 목표 없이 출항하는 배는 없지 않은가? 열정이 있는 자가 멘탈이 강하다. 그들의 열정은 제3자가 볼 때에 소위 말하는 끈기 있는 자, 대단한 노력의 소유자로 보여진다고 했다. '끈기가 부족하다. 엉덩이가 가볍다. 노력 부족이다'라는 것은 멘탈 부족이 아니라 열정 부족이다.

앞뒤로 총알이 빗발치는 상황에서는 죽기 살기로 두뇌가 '풀가동'된다. 일주일 이내에 어떤 아이디어를 제시할 경우 100억을 준다고 하면 밤을 새워서라도 집중할 것이다. 생존이 걸리거나, 큰 대가가 주어지는 본능을 자극하면 가슴이 두근거리며 밤새도록 돌파구를 찾고자 할 것이다. 이러한 정신력은 어디서 나오는가?

멘탈이 부족하다는 것은 가슴 뛰게 하는 목표가 아직 없다는 것이다. 무엇이 내 삶을 가치 있게 할지, 무엇이 부를 창출하게 하는지 찾지 못하는 경우가 대부분일 것이다. 주변의 관계, 타인의 이목으로 꿈을 정하지 못하는 경우도 다반사다. 또한 목표에 대한 열정이 식는 경우도 멘탈이 약해지는 원인이다. 주변의 만류와 빈정거림이 그렇고, '과연 이루어질까? 가능할까? 실패하면 어떻게 하지? 내가 할 수 있을까?' 등 자신 스스로의 생각이 그렇다. 한두 번 시도해보고 실패할 경우 스스로 포기하는 경우 또한 마찬가지다. 멘탈이 약한 것이 아니라 열정이 식은 것이 원인이다. 난독증으로 학창 시절을 고난으로 보냈고 26살에 파산을 당했지만 이를 극복하고 서른 살에 백만장자가 된 『멘탈의 연금술』의 저자 보도 새퍼는 멘탈 혁명을 강조한다. 두려움과 절망에서 백만장자가 되기까지 그를 바로 세운 유일한 것은 포기하지 않고 끝까지 완수하겠다는 확고하고 강한 목표였다.

이러한 멘탈은 누구나 소유할 수 있다. 단지 멘탈 부족은 아직 가슴 뛰는 구체적인 열정, 즉 목표를 찾지 못했기 때문이다. 열정은 멘탈을 자동으로 강화시킨다. 주변에서 미쳤다는 소리를 들을 정도면 성공한다는 말도 있듯이 자신이 되고 싶은 것, 하고 싶은 것 등의 목표가 가슴을 뛰게 한다면 강한 멘탈은 자동으로 장착된다. 피곤한 줄도 모르고 집중하게 된다. 가슴이 뛰고 설레니 자신도 모르게 움직이게 된다. 누가 말릴 수가 없다. 두근거림에 밤을 새워도 피곤함을 크게 느끼지 못한다. 유리알 멘탈로 무너지고 깨지고 흔들리는 하루를 보냈다고 말한다. 멘탈 부족으로 하루 습관을 지키지 못했다고도 말한다. 그러나 재점검해보자. 자기만의 목표가 있는가? 가슴 뛰는 목표 말이다. 멘탈은 겉으로 보이는 현상일 뿐이다. 그 이면에 열정이 있고 없고의 차이다. 그 이면에 목표가 있고 없고의 차이다. 흔들리는 하루, 무너지고 깨지는 하루, 미루는 습관을 타파하게 하는 것은 모두 멘탈이 아니라 가슴 뛰는 목표가 먼저다.

모든 대중이 휩쓸려 가는 방향엔 탁월함이 있을 수 없다. 자신만의 방향으로 자신을 이끄는 열정을 가진 자만이 하루를 정복할 수 있다. 이러한 열정은 하루를 움직이는 삶의 추진력이다. 가슴 뛰는 열정이 없는 삶은 추진력이 없는 삶이다. 이는 하루하루를 소비적으로 날려버리는 삶이다. 하루의 에너지를 어디에 집중하느냐에 따라 훗날 삶의 방향이 180도 달라진다. 바로 이 에너지를 최대로 끌어올려 삶을 송두리째 바꿔버리는 것이 열정이다. 이러한 열정은 한계가 없다. 무한의 에너지다. 누구나 자신의 한계가 어디까지인지 모른다. 열정이 있는 자만이 자신의 잠재력을 최대로 끌어올릴 수 있다. 타인을 쫓아 열심을 다하는 것은 열정이 아니다. 내 안의 열정으로 멘탈을 강화하고 오늘 하루를 정복하라.

절실함보다 가슴 뛰는 것이 먼저다

✦ 가슴 뛰는 목표가 열정을, 열정이 멘탈을 강화시킨다. 오늘 하루의 습관은 꿈틀거리는 열정에서 시작된다. 이처럼 가슴 뛰는 열정이 없는 삶은 추진력이 없는 삶이다. 이는 하루하루를 소비적으로 날려버리는 삶이다.

✦ 진정 자신이 원하는 것이 무엇인지, 자신을 향해 몰입해보라. 그 안에서 꿈틀거리는 그것을 찾을 때까지 말이다. 이러한 열정은 누구에게나 있다. 아직 찾지 못했을 뿐이다. 그 숨은 보석을 함부로 버리지 마라. 자기만의 보석은 누구나 갖고 있다. 아직 드러나지 않았을 뿐이다.

자신과의 약속이 먼저다
– 자기 혁명

모든 사람은 세상을 바꿀 생각을 하지만

아무도 자신을 바꿀 생각을 하지 않는다.

– 톨스토이

자기를 통제하지 못하면 영원히 노예로 산다.

세상을 지배하고 싶다면 자신을 먼저 지배해야 한다.

– 소크라테스

자신을 지배하지 못하면 영원히 노예로 산다

약속이란 무엇인가? 가족, 친구, 업무, 고객, 사회, 국가 등 우리의 삶은 약속의 연속이다. 약속은 곧 책임이 따르며 그에 따른 부담도 생긴다. 상대적으로 사회적인 약속은 잘 지키려 한다. 왜일까? 인정받고 신뢰도 쌓이고 곧 성공에 필요하기 때문이다. 이러한 약속은 누구와의 약속인가? 생각하고 행동해야 하는 주체는 누구인가? 나다. 내가 책임을 갖고 실천함으로써 약속이 이행된다. 그래야 신뢰 있는 사람으로, 능력 있는 사람으로 인정받는다. 내가 아닌 다른 대상과의 약속은 곧 나와의 약속이기도 하다. 타인과 한 약속을 내가 반드시 지키겠다고 자신과도 약속한 것이기 때문이다.

한번 생각해보자. 크건 작건 누구에게나 무엇인가 하고자 하는 목표가 있다. 합격, 취업, 사업, 건강, 체중감량, 예체능, 독서, 어학, 취미 등 다양한 목표가 있고 욕망과 욕구가 있다. 올해는 꼭 해야지 하며 자신과 약속한다. 그러나 자신과의 약속은 잘 지켜지지 않는다. 당연하다. 보는 사람도 없고 약속을 못 지켜도 책임지지 않아도 된다. 약속을 지켰다고 신뢰도가 올라가지도 않고 누가 인정해주지도 않기 때문이다. 자신과의 약속 이행이 지속되기 어렵고 작심삼일은 당연한 현상인 것이다.

때문에 타개책으로 자신의 결심을 지인에 공표하기도 한다. 약속 이행을 위한 동기부여가 되기도 하지만, 공표하는 순간 스트레스도 따라온다. 지인에게 공표하는 순간부터 심리는 흔들리기 시작한다. 이중 심리가 작용한다. '이번엔 반드시 한다!'라고 속으로 다짐하지만 못 지킬 경우 타인으로부터 의지가 약한 사람으로 인식될 것 같은 걱정으로 또 스트레스를 받는다. 타인을 통해서 배

수진을 친 것이지만 이러한 배수진이 얼마나 효과 있었나? 시작부터 지고 시작하는 것이다. 약속을 지키기 어려우니, 약속을 지키지 못할 수 있으니 타인의 감시(?), 좋은 말로 타인의 관심에 의지하는 것이다. '내가 이것을 꼭 하고 싶은데 나를 좀 지켜봐달라. 잘 안되면 나에게 용기도 주고, 잘 지켜지고 있으면 격려해달라'라고 부탁하는 것이다. 스스로 통제가 어려우니 타인에 의지하는 것이다. 타인이 지켜보고 있으니 잘해야지 하는 것이다. 남이 볼 땐 잘하고 안 볼 때는 안 할 것인가? 자신의 인생을 타인에 의지하는 꼴이 되는 것이다. 소크라테스는 말했다. '자신을 지배하지 못하면 영원히 노예로 산다.'

의식하는 삶

자신을 칭찬하라는 말도 많이 들어보았을 것이다. 자신을 칭찬해본 적이 있는가? 어떤가? 큰 감흥은 없었을 것이다. 이유는 단순하다. 타인을 의식하는 생활에 길들여져 있는 우리는 타인으로부터 인정받고 칭찬받아야 어깨가 올라간다. 때론 자만에 빠지고 타인을 아래로 보기까지 한다. 반대로 타인으로부터 질타를 받으면 자존감이 바닥으로 떨어진다. 주도적인 삶이 아니라 의식하는 삶이다.

'칭찬은 고래도 춤추게 한다'라는 말도 당연히 들어봤을 것이다. 당신이 고래인가? 당신은 타인의 칭찬과 괄시에 일희일비하는 인생인가? 타인에 대한 의식을 줄이고 타인과 자신을 칭찬하라는 의미로 보는 것이 더 바람직할 것이다. 무언가를 달성했다는 것은 자신과의 약속을 지켰다는 자기만족이 최고의 보상이다. 타인의 칭찬이나 보너스가 있고 없고는 아무 상관이 없어야 한다. 100점을 맞거나 시험 합격은 자기만족이 최고의 보상이다. 타인보다 내가 더 잘했다는 경쟁심은 자신을 스트레스의 상황으로 몰고 가는 습관이 된다. 독이 된다. 사회에서도 보너스나 승진에 일희일비한다면 자신의 성장에는 금방 한계가 드러난다. 타인보다 앞서기 위해서, 보너스를 받기 위해서, 혹은 승진하기 위해서 일하는 순간 삶은 그 안에 갇히게 된다. 주도적인 삶이 아니라 끌려가는 삶이 되어버린다. 타인과의 약속은 중요시하면서 상대적으로 자신과의 약속은 왜 무시하는가? 이는 자기기만이고 가식적인 행위다. 의식하는 행위다. 양쪽을 모두 잘해야 남을 의식하지 않는 주도적인 삶이 된다.

습관이란 어찌 보면 너무 간단할 수도 있다. 자신과 한 약속을 지키면 충분히 승산이 있다. 그러나 이것이 말은 쉽지만 잘 안된다. 이유는 이미 말했듯이 못 지켜도 책임지지 않아도 되기 때문이다. 지켰다고 신뢰도가 올라가지도 않는다. 지켰다고 누가 인정해주지도 않기 때문이다. 의식하는 삶으로 길들여진 결과다. 자신과의 약속을 잘 지키면 자기 신뢰가 쌓이고 자존감이 올라간다. 이것이 의식하지 않는 삶이고 주도적인 삶이자 습관을 만드는 최고의 방법이다.

스스로 지킨 약속에 보상은 필요한가?

약속을 지키면 보상이 필요한가? 작심삼일이 되지 않고 자신과의 약속을 꾸준히 지속하기 위한 가이드는 무수히 많다. '이미 달성된 상황을 매일매일 하루에도 수십 번 상상하라', '달성된 이미지를 생생하게 이미지화하라', '목표, 꿈을 매일 노트에 기록하라', '꿈이 현실이 된다' 등등 쉽게 찾아볼 수 있다. 시간 관리, 습관 만들기 등의 자료에도 상당히 많다. 이러한 가이드는 종류도 다양하고 왜 자주 회자될까? 자신과 한 약속 달성은 합격, 승진, 금전적 보상, 신뢰도 상승, 게임과 같은 짜릿한 피드백이 약하기 때문이다.

'오늘을 성공적으로 마무리한 자신이 자신에게 칭찬하라'라는 말이 있다. 칭찬이 누적될수록 성취감과 자신감이 쌓이게 된다. 그러나 칭찬했다고 해서 지금 당장 효과로 나타나지는 않는다. 이미 말했듯이 즉시 피드백해주는 보상 효과가 약하기 때문이다. 그렇다고 게임 캐릭터에 옷과 장비를 업그레이드하듯이 자신에게 금전적으로 보상하지 마라. 돈도 들고 잘못된 습관이다. 자기 자신은 애완용 강아지가 아니다.

일례로, 동기를 부여하기 위한 보상 실험이 있다. 전구에 불이 들어오면 부리로 버튼을 쪼는 훈련을 시킬 때 보상으로 모이를 줄 경우 비둘기들이 버튼 누르기 학습 속도가 높다는 비둘기 전구 실험이다. 이에 착안하여 사람을 대상으로 다양한 상황으로 실험했지만, 이러한 보상 프로그램은 대부분 장기적인 효과가 없었고, 어떤 경우에는 오히려 동기를 감소시키는 부작용을 낳았다고 한다.

미리암 융게의 『딱 한걸음의 힘』에서도 소개된 '과잉 정당화 효과(Overjustification Effect)'와 같다고 볼 수 있다. 그림을 그린 아이들에게 칭찬해주었더니 칭찬하지 않을 경우에는 비교 집단보다 그림을 덜 그렸다는 역효과를 말한다. 즉, 타인의 칭찬이나 금전적 보상 등의 피드백에 기대다 보면 오히려 동기가 떨어질 수 있다. 보상이라는 먹이에 의한 수동적인 심리 상태보다 능동적이고 적극적으로 행동하는 것이 장기적인 성공 요인이 될 수 있다는 것이다.

최고의 보상은 성취감이고 내적 성장이다. 그것이 쌓이면 자연스럽게 겉으로 드러나고, 감추려 해도 세상에 드러나게 된다. 당장의 짜릿한 보상이 없더라도 임계점까지 지속해야 한다. 임계점을 넘어서면 이미 자신이 아닌 또 다른 자신이 만들어져 있을 것이다. 그 짜릿함을 상상하라. 그것이 보상이다.

감정 vs 행동

약속을 지키는 데 있어 책임감이나 의무감 못지않게 중요한 것이 감정과 행동이다. 감정과 행동 중 어떤 것이 먼저인가? 영국 하트포드셔 대학교 심리학 교수인 리처드 와이즈먼은 『지금 바로 써먹는 심리학(Rip it up)』에서 감정이나 생각이 행동을 이끄는 것이 아니라 행동이 감정을 좌우한다는 다양한 사례를 들어 '가정 원칙' 이론을 설명하고 있다.

'가정 원칙' 이론은 100여 년 전의 미국의 철학자이자 가장 위대한 심리학자로 인정받고 있는 윌리엄 제임스의 이론에 기반을 둔 이론이다. 윌리엄 제임스의 이론은 인간 심리에 대한 기존 이론을 완전히 뒤집어놓은 이론이었고, 최근에 재조명되고 있는 이론으로 이른바 행복해서 웃는 것이 아니고 웃으면 행복해진다는 이론이다. 가슴을 펴면 자신감이 생기고 주먹을 불끈 쥐면 자신감이 생긴다는 것이다. 목표를 달성하기 위한 마음가짐도 중요한 요소이지만 반대로 행동을 바꾸면 생각과 감정을 바꿀 수 있다는 이론이다.

이와 비슷한 사례로, 하버드 대학교 경영대학원 교수이자 사회심리학자인 에이미 커디 또한 행동이 동기를 유발하고 감정에 영향을 미친다는 내용으로 행동에 따른 호르몬에 주목했다. 양팔을 위로 치켜올리는 자신감 있는 포즈, 거만한 자세, 웃는 모습을 의도적으로 취할 경우 행동지향적이고 적극성을 띠는 호르몬인 테스토스테

론(Testosterone)이 상승하고 스트레스 호르몬인 코르티솔(Cortisol)
이 하락한다는 실험 결과를 발표했다. 당연히 의기소침하고 자신
감 없어 보이는 자세를 취할 경우 호르몬의 변화는 반대다. 즉, 작
은 행동 또는 자세에도 감정을 이끄는 효과가 있다는 것이다. 미국
의 심리학자 제롬 부르너 또한 '기분이 행동을 일으키는 게 아니라
행동이 기분을 일으키는 것'이라는 행동의 효과에 대해 역설했다.
의도적으로 행동하면 행복감은 높아지고, 불안감은 낮아진다. 삶
의 만족도를 올리고, 의지력과 자신감을 회복할 수 있다.

　앞서 이야기했듯이 타인과의 약속도 자신과의 약속이고, 자신과
의 약속도 자신과의 약속이다. 목표나 계획에 대한 자신과의 약속
을 지키고 미루는 습관 등을 없애기 위해서는 마음과 행동 두 가
지가 모두 필요하다. 마음이 흔들릴 땐 의도적으로 더 적극적으로
행동하라. 행동하면 마음도 바뀐다. 몸과 마음은 하나다. 마음 컨
트롤과 행동 컨트롤, 이 두 엔진을 습관 형성에 적극 활용하라. 결
국 습관은 자기가 자기를 지켜보는 자신과의 약속이다. '자기를 통
제하지 못하면 영원히 노예로 산다. 세상을 지배하고 싶다면 자신
을 먼저 지배해야 한다'라는 소크라테스의 말을 다시 상기해보자.

자신과의 약속이 먼저다

✦ 자신과의 약속을 지킨 최고의 보상은 성취감과 내적 성장이다.

✦ 오늘 계획했던 자신과의 약속을 지키는 것이 타인을 의식하지 않는 주도적인 삶이자 습관을 만드는 최고의 방법이다.

✦ 마음이 흔들릴 땐 의도를 가지고 더 적극적으로 행동하라. 행동하면 마음도 바뀐다.

하루를 반드시 복기하자
– 복기 혁명

사용한 시간을 실시간으로 기록해보면

시간이 부족한 부분을 알 수 있다.

– 피터 드리커

복기는 한 권의 책이다

하루 복기는 습관의 필수이며 하루를 마무리하는 절차이다. 하루를 마무리하는 시점에 반드시 하루를 복기하라. 자신의 생활 패턴과 감정 기복의 패턴이 보일 것이다. 보이면 내일은 어떤 패턴으로 가는 것이 좋을지 또 다른 혜안이 생긴다.

하루 복기 내용은 두 가지다. 시간대별 기록과 하루의 느낌, 생각을 기록하는 것이 효과적이다. 하루에 대한 시간 사용 패턴과 하루의 느낌이나 생각을 형식 없이 자유롭게 기록하면 된다. 하루 중 어떤 상황에 대해 자신의 생각이나 감정을 기록해도 좋고, 내일 또는 미래의 다짐 등 자유롭게 기록하면 된다. 1줄이라도 쓰면 된다. 각 시간대별로 무엇을 했는지 기록하고, 상황에 대해서만이 아니라 사람과의 관계에서 자신에 대한 생각 또는 책에서 공감이 컸던 문장을 적고 자기 생각을 기록해도 좋다. 말 그대로 그 날 하루에 대한 생각, 느낌을 자유롭게 기록하면 되는 것이다. 가급적 스마트폰이나 PC를 이용하지 말고 노트에 기록하라.

앨런 피즈, 바바라 피즈의 『결국 해내는 사람들의 원칙』에 의하면 캘리포니아 도미니칸 대학교의 심리학 교수 게일 메뉴스 박사가 267명의 참가자를 대상으로 연구한 결과, 목표를 손으로 쓰는 사람들이 그렇지 않은 사람보다 목표를 이룰 가능성이 42퍼센트나 높다고 한다. 또한 손으로 필기할 때 뇌가 '풀가동'된다고 한다. 키보드는 상대적으로 소수의 뇌신경 연결망만 사용하지만 손 글씨는 최대 1만 가지 움직임을 수반하고, 뇌에 수천 개의 신경 회로를 만든다고 한다. 손으로 직접 쓸 때 느낌이나 감정 표현이 더 입체적으로 기록되는 것이다. 손 글씨로 뇌를 자극할수록 생생하게 표현되고 습관화에 더 도움이 된다.

앞서 말한 바와 같이 한 줄, 한 문장, 한 단어라도 괜찮다. 오히려 하루에 대한 느낌이나 생각 및 평가를 한 문장, 한 단어로 표현하는 것이 더 어려울 수도 있다. 사실 한 단어, 한 문장으로 표현하는 효과는 엄청나다. 그 효과는 김병완 작가의 『초의식 독서법』

에 잘 나와 있다. '초의식 독서법'은 책 속에서 핵심이 되는 한 문장을 뽑아내고(반드시 한 문장이 아니어도 된다. 주요 문장들을 뽑아내고) 그 문장에 대한 자신만의 생각을 적는 것이다. 이때 뇌가 '풀가동' 되며 『탤런트코드』의 저자 대니얼 코일이 언급한 '미엘린층'이 두꺼워지게 된다. 미엘린(Myelin)이란 뉴런(Neurons)과 뉴런 사이의 신호 전달 매개체이다. 미엘린이 두꺼울수록 뉴런 간의 신호 누출이 적어지며 효율도 높아진다. 1차선 도로가 4차선 도로가 되듯이, 전달되는 정보 양도 대폭 늘어나고 전달 속도도 빨라진다. 사고의 폭과 속도가 엄청나게 증대되는 과정인 것이다. 초의식 독서법은 책을 단순히 지식 습득의 재료로만 사용하는 수동적인 독서가 아니다. 그 재료를 기반으로 자신의 의식을 창조하여 폭발적인 성장을 가능하게 해주는 능동적인 독서법인 것이다.

하루 복기도 마찬가지 맥락이다. 오늘 하루가 당신에 대한 한 권의 책이다. 이 한 권으로 자신이 어떤 하루를 살았는지 정리한다는 것 자체가 많은 생각을 하게 한다. 오늘 하루 자신에 대해서 생각하고 정리하는 것이다. 대부분의 사람들은 어떤 무형, 유형의 물체나 타인을 평가하는 것에 이미 익숙해져 있다. 아니, 거의 전문가 수준일 것이다. 그러나 자신에 관해서는 대단히 관대하고 낯설다. 자신이 자신을 자신의 생각으로 평가하고 기록한다는 자체가 그리 달갑지는 않은 것이다. 막상 처음 기록하려고 하면 상당히 민망하고 무엇을 써야 할지 난감할 것이다. 당연하다. 자신을 들여다

보려 하니 민망해지는 것이다. 처음에는 어색하고 어렵지만 횟수가 늘어나면서 자연스럽게 해법을 찾게 된다. 쓸수록 다양해지고 과감해진다. 어떤 유형, 무형의 대상은 물론 자신에 대한 사고의 폭과 깊이가 자신도 모르게 변화된다. **이 복기 과정을 매일 반복하라. 자신의 삶에 대한 스스로의 피드백이며 삶을 변화시키고 의식도 확장시키는 최고의 방법인 것이다.**

전문가들의 하루 복기

사실 전문가 영역에서는 복기가 많이 활용되고 있다. 일례로 프로 바둑 기사 또는 주식을 하는 사람들은 반드시 복기한다. 왜 하는지는 굳이 설명할 필요가 없을 정도로 필수다. 이들에게 복기는 목숨과도 같은 필수 과정이다. 너무나 유명한 시간 관리의 대명사 벤저민 프랭클린도 매일 하루 일상에 대해 복기를 하였다. 피터 드러커의 경우는 더 심했다. 하루를 시간, 분 단위로 모두 빠뜨리지 않고 기록하였다. 각각 일에 소요된 시간을 기록하였고 낭비한 시간은 어느 정도 되는지 하루 24시간을 기록으로 철저히 관리하고 복기하였다. 벤저민 프랭클린 못지않게 시간 관리, 하루 복기의 마법사다. 그러나 이보다 더한 대가가 있었다.

『시간을 정복한 남자 류비셰프』라는 책을 보면 구소련의 곤충 분류 학자이자 철학은 물론 다양한 분야에서 다재다능했던 알렉산드르 알렉산드로비치 류비셰프의 시간 관리는 사람이 했다고는 볼 수 없을 정도로 충격 그 자체이다. 류비셰프가 남긴 기이한 시간 통계 노트가 그것이다. 자투리 시간 활용은 물론 각각의 일에 소요된 시간, 전체 소요 시간 등등의 세세한 기록은 충격 그 자체이다. 이 책은 류비셰프를 다음과 같이 소개하고 있다.

> "시간은 만인 앞에 평등하다. 여기, 무자비한 시간을 온순하게 길들여 자기 것으로 만든 한 남자가 있다. 50년 넘는 시간 동안 하루도 빠짐없이 '시간 통계' 노트를 작성하면서 시간의 속성과 존재감을 정확히 인식했고, 그 시간 속에서 자기 삶의 가치와 가능성을 무한대로 확장해냈던 사람… 자신의 삶을 분 단위까지 관리한 사람…"

도저히 믿기지 않는 시간의 지배자 류비셰프의 사례를 살펴보자.

<류비셰프의 시간 사용 기록>
- 1964년 4월 7일, 울리야노프스크.
- 곤충분류학: 알 수 없는 곤충 그림들 두 점 그림 - 3시간 15분.

- 어떤 곤충인지 조사함: 20분
- 추가 업무: 슬라바에게 편지 - 2시간 45분
- 휴식: 이고르에게 편지 - 10분
- 울리야노프스키야 프라우다 지: 10분
- 톨스토이 『세바스토플 이야기』: 1시간 25분
- 기본 업무: 6시간 20분

<류비세프의 시간 통계 기록>
- 러시아어로 된 서적 50권 읽음: 48시간
- 영어 원서 2권 읽음: 5시간
- 프랑스어 원서 3권 읽음: 24시간
- 독일어 원서 2권 읽음: 29시간
- 7편의 논문을 인쇄에 넘김
- 다윈의 『자연의 전당』: 5시간
- 데 브로일의 『물리학에서의 혁명』: 10시간
- 트링거의 『생물과 정보』: 10시간
- 도브잔스키의 저서: 20시간

(출처: 시간을 정복한 남자 류비세프, 다닐 알렉산드로비치, 이상원 역, 황소자리)

이러한 대가의 방식을 따라 하기는 어려울 것이다. 단, 매일 매일 복기하느냐 안 하느냐가 중요하다. 복기는 최대한 자세하게 할수록 좋지만 복기하는 시간은 1분, 2분도 상관없다. 하다 보면 어떤 날은 30분 이상을 할애하는 날도 있을 것이다. 앞서도 이야기했지만 복기를 한다는 것은 귀찮고 민망할 수 있다. 자신이 드러나버리기 때문이다. 그래도 자신을 최대한 들추어내야 한다.

프로 바둑 기사 조훈현의 『고수의 생각법』에서는 복기에 관해 다음과 같이 말하고 있다.

> "패자가 된 날의 복기는 몇 갑절 더 힘들다. 그건 마치 상처에 소금을 뿌리는 것과 같다. 승리한 대국의 복기는 이기는 습관을 만들어주고, 패배한 대국의 복기는 이기는 준비를 만들어준다."

> "자신의 치부가 드러나는 실수를 복기한다는 것은 프로 바둑 기사에게 있어서 괴로운 일이다. 실수와 패배감이 다시 되살아나기 때문이다. 그러나 승부사들은 오히려 더 뚫어져라 바둑판을 바라본다. 승리는 오직 실수를 인식하고 두 번 다시 되풀이하지 않을 때에야 얻을 수 있다는 것을 잘 알고 있기 때문이다. 복기를 통한 성찰과 자기반성으로 겸손과 인내를 배우고 성장한다."

인생을 바꾸는 하루 습관

프로 바둑 기사가 철저히 복기하는 것처럼 자신을 최대한 들추어내보라. 파고 파다 보면, 깊숙이 들어가다 보면 자신이 보일 때가 있을 것이다. 정말 글로 기록하기 민망한 경우도 발생한다. 있다면 감추지 말고 반드시 밖으로 꺼내야 한다. 반대로 어떤 날은 가슴이 두근거릴 정도로 자신을 칭찬해주는 내용으로 가득 채우는 날도 발생할 것이다. **이 맛을 한번 느껴보면 중독된다. 이러한 극과 극이 자신을 성장시키는 최고의 도구가 된다. 또한 자신에게 무엇이 부족한지, 무엇을 잘하는지, 무엇을 원하는지 자신을 파악하는 최고의 도구가 된다.** 이렇게 하루를 복기하는 습관이야말로 어제보다 오늘, 오늘보다 내일 더 성장하는 자신을 만드는 데 최고의 무기다.

'자신을 아는 것, 자신을 이겨내는 것'이 세상에서 가장 중요하고 어려운 것이라 했다. 이제 당신의 에너지를 사회, 타인 등 내가 아닌 것에서 '나'에게로 돌려라. 자신이 무엇을 좋아하는지, 무엇이 되고 싶은지, 어떠한 생각으로 어떻게 살고 있는지 자신부터 돌아보라. 자신을 제대로 알아야 방황하지 않고 주도적인 삶을 만들어갈 수 있다. 하루, 이틀, 한 달, 두 달 쌓이다 보면 자신의 하루 생활 패턴이 어떠한지, 자신이라는 존재는 어떠한 존재인지 조금씩 보이기 시작할 것이다. 자신이 파악되고 자신을 알게 되면 하루를 어떻게 완성해나갈지 길이 보일 것이다. 오늘 하루는 어땠는지에 대해 이렇게 매일매일 자신의 책을 쓰다 보면 단단한 하루를 만들수 있고 습관을 유지하는 집중력과 끈기가 붙는다. 이것이 복기의 힘이자 복기 혁명의 진가다.

인생을 바꾸는 하루 습관

하루를 반드시 복기하자

✦ 앞서간 많은 이들의 공통점 중 하나는 자신의 하루를 복기(성찰)했다는 것이다. 그러나 오늘의 자신을 돌아본다는 것은 귀찮고 민망하고 낯선 행위다. 대부분 자신을 평가하기보다 타인을 평가하거나 다른 대상을 평가하는 데 익숙해 있기 때문이다.

✦ 하루 복기를 가볍게 시작해보라. 가급적 매일 하라. 최대한 자세하게 하면 좋지만 복기 시간은 1분, 2분도 상관없다. 하다 보면 어떤 날은 30분 이상 할애하는 날도 있을 것이다. 생각을 하는 것만으로 효과가 있지만 글로 남기면 효과가 몇 배 더 크다. 글로 쓰는 것은 밖으로 꺼내는 것이다. 꺼내면서 아픈 곳을 한 번 더 건드리기라도 하는 날은 많은 것을 생각하게 된다.

✦ 하루 복기가 그렇게 쉬운 것은 아니다. 자신을 되돌아볼 때의 기준은 객관적이어야 하기 때문이다. 누구나 자기만의 기준으로 세상을 본다. 이 기준점을 옮겨야 제대로 된 복기가 된다. 그래서 나온 말이 가장 고난이도의 경영은 자신 경영이라 한다.

✦ 복기의 목적은 실수 재발 방지, 그리고 잘한 것은 더 잘하기 위함이다. 이는 자신을 알게 하고 성장하게 하는 것이 목적이다. 이를 반복하다 보면 자신도 모르게 조금씩 변하게 된다.

3인칭 시점으로
나를 관찰하자
- 메타인지 혁명

남의 행위를 비방하지 말라.

남을 비방하는 것은

쓸데없이 자기 자신을 피곤하게 하며,

커다란 과실을 범하는 것이다.

자기 자신을 성찰하라.

그때 비로소

그대의 하는 일이 정당해지리라.

- 랄프 왈도 에머슨

"세상에는 내가 둘이 존재한다. 세상에서 활약하는 나와 이런 나를 컨트롤하는 연출자, 관찰자로서의 내가 존재한다."

내가 나를 지켜본다

1976년 미국의 발달심리학자 존 플라벨 박사가 처음 사용했다고 하는 메타인지(Metacognition)란, Meta(초월한, 더 높은, 한 단계 높은 ~에 대한)와 Cognition(인지)의 합성어이다. 즉, '인지를 초월한', '인지보다 한 단계 더 높은'이라는 뜻이다. 달리 표현하면, 자신의 인지를 초월하는 인지이자 자신이 자신을 객관적으로 관찰하는 것이다. 즉, 자신이 인지하고 있는 것이 옳고 그른지 판단하거나, 자신이 아는 것과 모르는 것을 구분하는 것이다. 소크라테스와 공자로부터 익히 들어온 '너 자신을 알라', '아는 것을 안다고 하고, 모르는 것을 모른다고 하는 것, 이것이 아는 것이다'와 일맥상통한다.

『메타인지 학습법』의 저자 리사 손 교수는 자기평가(모니터링)와 자기조절(컨트롤)을 메타인지의 중요 요소로 강조한다. 자신을 스스로 모니터링하고 문제를 해결하고 피드백을 통해 자신을 개선하는 것이다. 미국 하버드 교육심리학 교수이자 보스턴 의과대학 심리학 교수인 하워드 가드너의 다중지능이론 8가지 중에도 '자기성찰지능(自己省察知能, Intrapersonal Intelligence)'이 있다 다시 말해서 메타인지란 자신이 누구이며, 어떤 생각을 하는지, 어떤 행동을 하는지, 자신이 무엇을 알고 모르는지를 객관적으로 관찰하는 것이다. 덧붙이면 자신이 자신을 성장시키는 핵심 도구다.

주도적인 하루를 만들려면 의식적인 자기 관찰이 필요하다. 잘하고 있을 때나 못하고 있을 때나 3인칭 시점에서 자신을 관찰하는 습관이 중요하다. 그래야 휩쓸리지 않고 자신을 바로 세울 수 있다. 타인을 모니터링하고 컨트롤하기 전에 자신의 통찰이 먼저인 것이다.

이에 대한 한 가지 관점을 제시한다. **세상에는 내가 둘이 존재한다.** 세상에서 활약하는 나와 이런 나를 컨트롤하는 연출자로서의 내가 존재하는 것이다. **자신이 자신을 만들어가고 이끌어가는 것이다.** 이미 영화 '아바타'를 통해서 그 느낌을 알 것이다. 항상 자신을 지켜보면서 경로 이탈하면 재탐지하고, 잘하고 있으면 칭찬해가며 하루하루 나를 만들어가고 하루를 완성해나가야 한다. 이것이 메타인지 혁명이며 습관 형성의 필수 요소이다.

한번 생각해보자. 지구 자전을 느끼는 사람이 있는가? 지구의 자전을 파악하려면 지구 밖 우주로 나가야 한다. 지구가 어디로 가고 있는지, 제대로 가고 있는 건지, 속도는 어떤지 지구 밖 우주로 나가보면 관찰할 수 있다. 더 넓게 은하계 밖에서 지구를 관찰해보면 지구는 결코 직선, 곡선 운동을 하지 않는다. 지구도 돌고, 태양계도 돌고, 은하계도 계속 움직이고 있다. 마치 우리의 생각이 이리저리 널뛰듯 지구도 기하학적 경로를 그리고 있을 것이다.

마찬가지로 **자신의 생각과 행동이 계획한 대로 제대로 가고 있는지, 나태해지려고 하는지 등의 상황을 파악하려면 자신으로부**

터 벗어나야 한다. 제3자 입장에서 자신을 관찰해야 자신이 누구인지, 자신이 무슨 생각을 하고 있는지, 자신이 어떻게 생활하는지 관찰할 수 있다. 우리는 자신에 대한 평가는 등한시하면서 타인에 대한 평가에 익숙해 있다. 이른바 훈수의 달인이다. 에너지 낭비다. 자신을 위해 써야 할 에너지를 엉뚱한 곳에 소비하고 있는 것이다. 타인을 평가하고 타인의 허점을 들추어봤자 자신에게 어떤 발전이 있는가? 자신을 위해 자신의 허물을 고치고 자신의 장점을 더 발전시키는 것이 훨씬 더 생산적이다.

자기성찰 사례

누구나 실수도 하고 실패도 한다. 작심삼일을 수없이 반복하고 옆길로 빠지는 경우도 수도 없이 발생한다. 수많은 실패로 낙오자 같은 인생을 멋지게 극복한 사례를 잠시 살펴보자. 자기계발 도서에 단골로 나오는 내용이다.

- 23세, 첫 사업에 실패
- 24세, 주 의회 낙선
- 25세, 사업 파산으로 17년간 빚을 갚아나감

- 30세, 주 의회 의장직 선거 낙선
- 32세, 정부통령 선거위원 출마했다가 낙선
- 35세, 하원의원 선거 낙선
- 36세, 하원의원 공천에 탈락
- 40세, 토지 담당 공무원 자리 거부당함
- 47세, 상원의원 선거 낙선
- 48세, 부통령 후보 지명전에서 100표 차로 낙선
- 50세, 상원의원 출마했다가 낙선

링컨의 이야기다. 이 정도면 보통 사람들은 삶을 비관하고 포기했을 것이다. 링컨의 위대함은 자신을 늘 관찰하고 성장시켜 나갔다는 점이다. 이것은 매일 하루하루를 허투루 보내는 사람은 할 수 없는 일이다.

- 지독히도 가난한 집안에서 태어난 링컨
- 교육을 제대로 받지 못하고 자란 링컨
- 독서의 대가 링컨
- 수없는 실패와 낙선에도 내적 성찰로 자신을 관리한 링컨
- 대외적인 평판에 심한 타격을 입고 우울증에 빠져 힘든 삶을 살았던 링컨

- 미국 역사상 가장 큰 분열 위기에 대통령으로 당선된 링컨
- 분열된 혼돈의 시기에 뚜렷한 철학과 공감 능력으로 위기를 극복한 링컨

이는 링컨을 따라다니는 수식어다. 에이브러햄 링컨은 미국 제16대 대통령이다. 동시에 미국인들이 가장 존경하는 대통령이다. 역사가들도 미국 역사상 가장 위대한 대통령으로 링컨을 꼽는다. 더이상의 수식어는 필요 없을 듯하다. 링컨의 최고 강점은 무엇인가? 이미 많이 알려진 링컨의 수많은 실패 사례에서 예측해볼 수 있듯이, 자기 관리와 강한 의지가 없었다면 이미 많은 이의 기억 속에서 지워졌을 것이다. 자신의 상황을 정확하게 인지하고 있었으며, '흙수저'로 태어난 인생에 좌절하지 않고 자기성찰로 어려움을 극복한 인물이다. 도리스 컨스 굿윈의 『혼돈의 시대 리더의 탄생』과 데일 카네기의 『링컨 이야기』에서 링컨에 관해 이러한 사실을 잘 알 수 있다. 채복기 저자의 『우리에게 필요한 리더 다시 링컨』에도 자세히 설명되어 있다.

그는 찢어지게 가난했고, 학교도 제대로 다니지 못했다. 그는 매우 힘든 상황에 처해 있었지만 그 상황에 굴하지 않았다. 늘 자신을 관찰하고 노력을 게을리하지 않았다. 그의 노력은 남달랐다. 그는 읽고 또 읽고 쓰기를 반복했다. 다른 사람들이 링컨을 칭찬했

을 때도 그는 이렇게 말한 바 있다.

"나의 인생을 바꾼 가장 위대한 비책은 단연 독서였습니다. 메모하지 않고는 야망을 이룰 수 없었습니다. 기억하는 자는 메모하는 자를 이기지 못합니다."

"젊은이여, 큰일을 하려거든 모든 면에서 자신을 향상시켜라. 다른 사람들이 방해한다고 생각지 말고 열심히 노력하라. 만일 나에게 나무를 넘어뜨릴 시간이 주어진다면 나는 나의 도끼를 가는 데 시간을 쓸 것이다. 나는 천천히 걸어간다. 그러나 결코 뒤로 물러서지 않는다."

자신을 관찰하고 성찰하는 힘을 키우라는 링컨의 말이다. 그는 엄청난 노력파였다. 실패도 거듭했지만 그때마다 다시 일어났다. 첫 주의원 선거에 실패한 그는 낙심하지 않고 재도전하였고 결국 당선되었다. 하지만 그의 의원 시절은 실패로 끝났다. 그럼에도 그는 자신을 성장시키는 도약의 시기로 활용했다. 가난했고, 학교도 제대로 다니지 못한 것도 모자라 실패를 밥 먹듯이 했던 링컨이었다. 심지어 그는 마흔의 나이에도 자신을 발전시키고자 공부에 집중했다. 새벽까지 공부하기가 일상이었고, 아침에는 누구보다 일찍 일어나는 것이 그의 생활 패턴이었다. 그에게 가장 큰 실패는 대통령직을 향한 두 번의 도전이었다. 인생 최대의 실패를 딛고 일어섰기 때문에 그는 미국 역사상 가장 존경받는 대통령이 될 수 있었던 것이다.

다른 위인들의 사례도 많지만, 링컨의 사례만을 자세히 살핀 이유는 뻔하다. 다른 위인들도 대부분 링컨과 마찬가지로 수많은 실패와 어려움에 굴하지 않고 극복해나갔다. 정리해보면, 가난, '흙수저', 부족한 교육, 대외적인 부정적 평판, 분열의 혼란한 사회, 낙선, 낙선 또 낙선, 사업 실패, 빚, 병, 우울증 등 현시대 우리가 경험하는 대부분의 것을 겪은 인물이다. 이 모든 것을 독서와 자기성찰로 극복했다.

어느 한 사람의 인생을 하나의 단어나 문맥으로 표현하기는 어렵다. 단지 링컨의 일생에서 자신을 관찰하고 성과를 이룬 대목에 초점을 두었다. 살펴본 바와 같이 '흙수저'로 태어나 성년에서 대통령이 되기까지의 과정은 일반적인 사람의 경우 이미 비관하거나 포기하고도 남을 고난의 연속이었다. 그것도 심적으로 대단히 큰 압박감이 있는, 표현이 불가능할 정도로 정신적인 어려움의 연속이었다. 난관을 극복하는 원동력으로서 정신력, 의지, 꿈, 야망 등이 큰 역할을 했겠지만 고비마다 어려움을 극복하는 과정에서 링컨 특유의 자기성찰이 없었다면 지금의 링컨은 존재하지 않았을 것이다. 도망치고 싶은, 벗어나고 싶은 본능적인 회피를 자기성찰로 극복한 링컨의 삶은 우리에게 시사하는 바가 매우 크다.

일일삼성(一日三省), 삼성오신(三省吾身)이라는 말이 있다. 하루에 세 번씩 자신의 행동을 반성하는 것, 즉 하루에 세 번 자신을 성찰한다는 의미다. 각자 높이는 다르겠지만 우리의 인생도 요동치는 삶이다. 하루에도 수없이 감정의 변화가 생기고 선택의 어려움에 부딪힌다. 상황에 휩쓸리지 않고 잘못된 판단을 반복하지 않기 위해 자신을 매일 관찰하는 성찰이 필요하다.

실시간 자기 관찰

누구나 목표를 설정하고 계획하고 실행한다. 하지만 실제 목표를 이루는 사람은 많지 않다. 왜일까? 사람은 누구나 서 있으면 앉고 싶고, 앉으면 눕고 싶고, 누우면 자고 싶어진다. 게으른 심리와 회피하고 싶은 심리 때문이다. 오늘 계획했던 일을 갑자기 하기 싫어지는 마음이 작동할 때가 수도 없이 발생한다. '10시 정각부터 시작하자', '늦은 저녁인데 오늘은 마음을 다짐하고 실천은 내일부터 하자' 등의 꾀가 발동한다. 이때가 가장 중요한 순간이다. 이 순간을 이겨내지 못하면 습관은 절대 만들어지지 않는다. 이러한 상황이 발생하면 의도적으로 의식해야 한다. **'내가 지금 무슨 생각을 하고 있지'라는 의식적 자기 관찰이 필요하다.** 제3자 입장에서 자신을 관찰하는 것이다.

또한 집중력에서도 메타인지의 효과가 있다. 『자신을 컨트롤하는 초집중력』의 저자 멘탈리스트 다이고는 집중력을 키우는 요소로 자기 관찰을 강조했다. 무의식적으로 행동하는 자신을 알아채고 바로잡는 것이다. 스스로 자신의 행동을 객관적으로 관찰하고 평가하면 집중력이 더 강화된다는 것이다. 집중은 에너지를 효율적으로 사용하는 것이고, 흐트러지는 자신을 다시 제자리로 돌려놓는다.

시간 관리 및 습관에 관한 자료를 보면 시간 계획을 짧게 짧게 끊어서 실행하는 작은 습관의 중요성을 강조하기도 한다. 길면 길수록 딴짓, 딴생각에 노출될 가능성이 높아지기 때문이다. 필자 역시 집중하고 있다가도 딴생각이 자주 찾아온다. 앞 장에서도 말했듯이 필자의 경우 50분 타이머를 자주 활용한다. 50분 집중 후 10분은 쉰다. 쉬면서 50분 동안 실행했던 독서 또는 일의 내용을 잠시 생각하며 환기시키고 다시 집중한다. 이러한 짧은 실행 또는 데드라인 방법은 집중력을 더 높이고 메타인지를 보완해주는 역할을 한다.

인간의 집중력 한계는 90분이다. 15분, 120분을 주장하는 전문가들도 있다. 물론 개인 및 대상에 따라서 집중 한계 시간은 다르겠지만 어떠한 일을 하는 중간중간 딴생각도 하게 되고, 잠깐 쉬고 싶다는 생각은 무조건 찾아온다. 이처럼 집중력을 흔드는 무의식은 항상 발동한다. 이럴수록 자신을 관찰하는 습관이 몸에 배어 있어야 한다. 자신 관찰을 습관화하면 이러한 돌발 변수를 극복할 수 있고, 집중력으로 꾸준함을 유지할 수 있게 된다. 어떤 일을 할 때 또는 공부나 독서를 할 때 메타인지 방법으로 일, 공부, 독서에 빠져 있는 자신의 모습을 의식적으로 관찰해보라. 자존감이 배가되고 뭔가 잘될 것 같은 자신감도 늘어난다. 이러한 긍정 효과는 하루를 완성하는 촉진제이며, 습관 굳히기에 최적의 도구다.

즉, 메타인지는 습관을 형성하고 자신을 만드는 데 최고의 도구다. 하루 중 내적, 외적 충동은 수시로 발생한다. 이것이 나를 지배하지 못하도록 실시간으로 방어하는 것이 자기 관찰이다. 수도 없이 스스로 흔들리는 하루, 수많은 유혹, 타인으로부터 상처받은 자신, 시도는 하지만 실패를 거듭하는 하루 등 '나의 하루'를 방해하는 모든 것으로부터 자신을 바로 세우는 것이 자기 관찰이다. 자신 밖으로 벗어나라. 자신의 아바타를 관찰하고 컨트롤하고 일으켜 세워라. 이처럼 의식적인 자기 관찰을 실시간으로 반복하고 체계화하라. 여기서 지면 습관도 없고 하루도 없고 미래도 없다. 자신으로부터 벗어나 객관적 시점으로 자신에게 질문하고 자신이 답하는 자신과의 대화가 곧 변화의 시작이자 습관 형성의 시작이다. 이것이 곧 메타인지 혁명이다.

다시 한번 상기하자.

"세상에는 내가 둘이 존재한다. 세상에서 활약하는 나와 이런

나를 컨트롤하는 연출자, 관찰자로서의 내가 존재한다. 온라인 게임의 캐릭터를 키우듯 현실에서 메타인지로 자신을 관찰하고 업그레이드하라. 가상현실이 아닌 실제 현실에서 자기가 자신을 컨트롤하고 성장시켜라. 이것이 곧 변화의 시작이고 습관에 필요한 필수 요소다. 자신이 자신을 관찰하라!"

인생을 바꾸는 하루 습관

3인칭 시점으로 나를 관찰하자

✦ 누구나 실수하고 실패도 한다. 이러한 실수와 실패를 최소화하는 도구가 실시간 자기 관찰이다. 지구를 벗어나야 지구 움직임을 관찰할 수 있는 것처럼, 자신에게서 벗어나야 자신을 관찰할 수 있다. 벗어난다는 것은 객관적인 시점을 갖는다는 것이다. 하루 복기는 객관적 시점으로 하루 전체에 대해 성찰하는 것이고 메타인지는 객관적 시점의 실시간 자기 관찰이자 실시간 자기 컨트롤이다.

✦ 하루에 벌어지는 다양한 상황에서 아바타를 제어하듯이 자신을 실시간으로 관찰하고 컨트롤하라. 이는 무의식적으로 찾아오는 내적 흔들림과 외적 요인을 컨트롤하게 해주는 도구다. 하루를 위한 단단한 습관과 생활 패턴을 바로 세우는 데 최적의 도구다. 가상현실처럼 실제 현실에서 자신을 제어하고 성장시켜라.

✦ 메타인지의 핵심은 무엇인가? 자신에게 던지는 질문, 즉 자신과의 대화로 자신을 관찰하고 성장시키는 것이다. 이것이 곧 변화의 시작이자 습관 형성의 시작이다.

습관은 하루면 충분하다. 하루에 결정 내라.
하루는 습관의 기본 단위이자 변화의 시작이다.

5장

변화의 시작, 하루!

생각의 힘과 하루 습관 •
자기 플라시보와 딥러닝 •

생각의 힘과
하루 습관

생각의 힘

　모든 결과는 행동에 의해 만들어진다. 당연히 행위 없이 만들어지는 결과는 없다. 행동은 무엇인가? 행동은 생각이 원인이다. 생각은 누가 하는가? 당연히 생각의 주체는 자신이다. 어떤 생각을 하는지에 따라서 결과는 이미 정해져 있다고 해도 과언이 아니다. 이는 '생각의 힘', 즉 '생각이 곧 에너지'라는 말과 같다고 할 수 있다.

　생각을 하면 당연히 에너지가 소모된다. 무엇을 보고 무엇을 듣는지에 따라 에너지가 소모된다. 보고 듣지 않아도 생각 자체만으로도 에너지를 소모한다. 생각을 어디에 사로잡히게 할지는 전적으로 자신에게 달려 있다. 산을 보면 산에 대한 생각을 하게 되고, TV를 보면 TV의 현란한 색상과 소리에 온 정신을 뺏긴다. 책을 보면 책에 대한 생각을 하게 된다. 자신의 미래 모습을 확인하고 자주 상상하면 자신의 미래를 생각하게 된다. 이러한 생각에 사용되는 에너지를 소비적으로 사용하느냐, 생산적으로 사용하느냐의 결정은 자신의 의식에 달린 것이다. 결론적으로 생각을 어떻게 소비하느냐에 따라 하루의 방향과 결과가 180도 달라진다.

이 책에서는 '생각'을 반복적으로 강조하고 있다. 생각을 제대로 하기 위해 필요한 것이 질문이다. 이 질문은 당연히 자기 자신에게 하는 질문이다. 자신에게 질문하고 자신이 답하는, 자신과의 대화가 변화의 시작이기 때문이다. 결국 큰 변화와 큰 성장은 하루의 변화에서 시작되고, 이 하루는 자신의 생각에서부터 시작된다. 생각을 대수롭지 않게 생각하면 그렇게 생각하는 습관으로 굳어진다. 평소 빼앗기거나 놓쳐버린 생각이 있다면 제자리로 되돌려놓고, 부정적인 생각이 있다면 다시 긍정적인 생각으로 전환해야 한다.

오늘 하루를 소홀히 날려버리면 내일도 그럴 가능성이 크다. 오늘 하루를 제대로 보내면 내일도 제대로 보낼 가능성이 크다. 오늘 실행하지 못하는 것도 습관이고 오늘 실행하는 것도 습관이기 때문이다. **이에 생각의 방향, 생각의 에너지는 습관을 결정짓는 절대적인 요소이며 이 생각을 컨트롤하는 도구가 바로 하루 복기와 메타인지다.** 자신의 생각이 어디에 있는지, 어디로 가고 있는지 매일매일 자신을 관찰하고 제어하라. 본문의 문장을 다시 상기하자. '생각이 바뀌면 행동이 바뀌고 행동이 바뀌면 습관이 바뀌며 습관이 바뀌면 운명이 바뀐다.'

습관은 오늘 하루에 달렸다

앞서 살펴봤듯이 '하루'만큼 공평한 것은 없다. 매일 아침 새로운 시작이다. 모두가 공정한 스타트 라인에서 다시 시작한다. 물론 현재의 상황에 영향을 준 과거에 따라 현재 위치는 모두 다를 수 있다. 그렇다고 과거에 더 열심히 노력했거나, 더 큰 두각을 나타낸 사람에게 오늘 하루를 48시간 준다거나 하는 식으로 더 많은 이득을 주는 경우는 절대로 없다. 똑같이 24시간을 들고 하루를 시작한다. 과거가 쌓여서 오늘의 지금이 만들어졌다면 미래는 바로 지금부터 시작하는 오늘 하루에 따라 달라진다. 과거가 오늘이었다면, 오늘이 곧 미래다.

이 하루를 절대 우습게 여겨서는 안 된다. 영원한 1등도, 영원한 꼴찌도 없다. 오늘 하루 24시간을 어떻게 사용하느냐에 따라 1등이 나락으로 떨어지기도 하고 꼴찌가 역전을 하기도 한다. 원하는 미래가 점점 멀어질 것인가, 점점 가까워질 것인가는 오늘 하루에 달렸다고 해도 과언이 아니다. 미래는 오늘 하루를 제대로 보낸 이의 것이다. 이러한 하루를 성공적으로 만들기 위해 습관의 추진력이 필요하며, 습관은 오늘 하루를 어떻게 보내느냐에 달려 있는 것이다.

시간 관리 도서를 보면 3년 장기 계획, 1년 계획, 월간 계획, 100일 계획, 60일 계획, 7일 일주일 계획, 하루 계획, 1분도 허투루 보내지 않는 방법 등 시간을 효율적으로 사용하는 좋은 내용들이 많이 있다. 습관 관리 도서들도 마찬가지다. 100일 습관 완성, 60일 습관 완성, 7일 습관 완성, 아주 짧은 반복의 힘, 습관의 힘 등 양질의 내용들이 다양하게 많이 있다. 이러한 습관과 시간에 관해서 심리학, 뇌 과학 등 다양한 분야에서도 책이 쏟아지고 있다. 이는 습관 및 시간 관리가 모든 이의 중요한 관심사며 그만큼 쉽지 않다는 반증이다. 아이러니하게도 어렵다는 것은 '기회'를 뜻한다. 대부분 작심삼일이고 쉽게 변하지 않는다. 나만 변화면 기회는 온다. 이러한 변화는 생각에서 시작된다. 하루를 소비적으로 날리느냐 생산적으로 보내느냐는 생각에 달린 것이다.

그러나 여기에는 문제가 있다. 행동이 잘 수반되지 않는다는 것이다. 아무리 중요하다고 인식해도 행동하지 않으면 지식에 불과한 것이다. 체화되지 않은 지식은 내 것이 아니다. 아웃풋을 뽑아내야 자기 것이 된다. 시중에 있는 수백, 수천 종 양질의 도서와 콘텐츠도 마찬가지다. 그러한 양질의 인풋을 활용한 실천, 즉 아웃풋을 뽑아내야 비로소 습관으로 자리 잡는다.

'긍정적으로 사고하는 습관, 목표를 달성하는 습관, 습관 일주일만 하면 된다! 30일, 60일, 3개월만 하면 습관을 만들 수 있다' 등 좋은 정보가 넘쳐난다. 그러나 사람에 따라 다르고, 그 사람의 환경에 따라 다르고, 대상에 따라 다르다. 다양한 변수가 있음에도 마치 습관에 어떤 법칙이 있는 것처럼 말한다. 심지어 평균 66일이

인생을 바꾸는 하루 습관

걸린다는 연구 결과를 발표하기도 한다. 습관에 그렇게 획일적인 법칙이 있을 수 있을까 하는 생각을 해본다. 모두 약을 팔고 있다. 모두 필요 없다. **오늘 하루에 결정 내라!** 습관은 하루에 달렸다. 오늘 하루 아웃풋을 뽑아내지 못하면 습관은 끝이다. 아웃풋은 생각이 행동, 실천으로 이어진 하나의 결과물이다. 그 결과물은 생각에서 나오고 그 생각을 제어하는 것이 하루 복기와 메타인지다. 제대로 된 생각으로 제대로 된 아웃풋을 매일 뽑아내라. 하루하루 아웃풋이 쌓이면 견고한 습관이 되고 그 아웃풋 하나하나가 변화의 시작이 된다.

생각의 힘과 하루 습관

✦ 생각을 하면 당연히 에너지가 소모된다. 무엇을 보고 무엇을 듣는지에 따라 에너지가 소모된다. 보고 듣지 않아도 생각 자체만으로도 에너지를 소모한다. 생각을 어디에 사로잡히게 할지는 전적으로 자신에게 달려 있다.

✦ 오늘 하루에 결정 내라! 습관은 하루에 달렸다. 오늘 하루 아웃풋을 뽑아내지 못하면 습관은 끝이다. 아웃풋은 생각이 행동, 실천으로 이어진 하나의 결과물이다. 그 결과물은 생각에서 나오고 그 생각을 제어하는 것이 하루 복기와 메타인지다. 제대로 된 생각으로 제대로 된 아웃풋을 매일 뽑아내라. 하루하루 아웃풋이 쌓이면 견고한 습관이 되고 그 아웃풋 하나하나가 변화의 시작이 된다.

자기 플라시보와
딥러닝

자신에게 플라시보를 걸어라

이 책 또한 당신에게 약을 팔고 있다. 일명 플라시보라고 하는 위약을 팔고 있다. 이미 언급했듯이 플라시보 효과는 여러 분야에서 실험되고 증명되고 있다. 즉, 맞고 틀리고는 자신이 어떠한 생각으로 자신과 대상을 어떻게 한정짓느냐에 달려 있다. 더 확대하면, 몸과 마음은 하나다. 그렇게 생각하면 몸도 그렇게 따라간다. 마음으로 몸 상태도 바꿀 수 있다는 것이 플라시보다.

초반에도 언급했던, '할 수 없다고 생각하면 할 수 없고, 할 수 있다고 생각하면 할 수 있다'라는 헨리 포드의 말처럼 자신이 하겠다는 생각에 의해 자신의 몸을 움직이고 결과를 만들어낸다. 이미 여러 도서에서도 소개되었던 내용이지만, 호텔의 청소 담당자들에게 하루 종일 진행해야 하는 힘든 일을 운동이라고 생각하게 하고 소비되는 칼로리 양을 알려주었을 때 알려주지 않은 비교 집단과는 달리 건강 상태도 좋아지고 스트레스도 줄었다.

안 좋은 습관을 버리고 좋은 습관을 만드는 습관의 중요성과 필요성은 인지하고 있지만 잘 안된다. '긍정적으로 생각하라. 이미 달성된 상황을 시각화하라. 끈기가 필요하다. 자극이 필요하다' 등 좋은 정보는 넘쳐난다. 그러나 충분히 이해가 되고 공감은 되지만 이게 그렇게 쉽게 되지 않는다. 이유가 무엇일까?『당신이 플라시보다』의 저자 조 디스펜자는 이 이유를 다음과 같이 설명한다.

> "변화하는 데 가장 힘든 일은 어제 한 선택을 오늘은 하지 않는 것이다. 그런 일이 그렇게 힘든 이유는 습관적, 자동적으로 같은 방식으로 행동하게 하고, 그래서 같은 것들을 경험하게 하며 오래된 정체성을 둘러싼 같은 감정을 재확인하게 한다. 그러나 이러한 생각, 행동을 하지 않을 경우 곧바로 불편함을 느끼게 되기 때문이다."

조 디스펜자는 이러한 것을 무의적인 자아로 표현하며 이를 의도적으로 의식해야 한다고 말한다. 익숙하고 예측 가능한 과거에서 낯설고 예측 불가능한 미래로 자신의 의식을 옮겨야 한다. 이러한 불편함을 넘어서지 못하면 다시 무의식적인 과거의 자신으로 돌아간다. 과거의 자신으로 돌아간다는 것은 익숙하다는 것이다. 다시 말해서 원하는 목표를 달성하기 위한 새로운 습관을 만들기 쉽지 않다는 것이다. 간단한 예로, 매일 무엇인가를 하기로 한 계획대로 오늘도 하려고 하는데 갑자기 TV, 유튜브, 게임, SNS, 누워서 잠깐 쉬기 등이 머릿속에 맴돈다. 가슴이 살짝 뛰면서 기분도 좋아진다. 10분만 딴짓 좀 하고 해야겠다는 생각이 머릿속을 점점 지배한다. 고통스럽다. 계획한 일을 할 것이냐? 잠깐 쉴 것이냐? 그러나 쉬어봐서 알 것이다. 10분이 20분이 되고 20분이 1시간이 된다. 연쇄반응으로 쉬면 쉴수록 더 쉽게 된다. 당연한 결과다. TV, 유튜브, 게임, SNS 등이 이미 무의식적인 습관으로 자리 잡혀 있기 때문이다. 이렇듯 변화는 쉽지 않다. 조 디스펜자는 습관에 의한 변화를 다음과 같이 표현하고 있다.

"변화의 때를 '영혼이 어두운 밤을 지나는 때'라고 말하는 사람도 있다. 이것은 말하자면 불사조가 스스로를 태워서 재가 되는 과정과도 같다. 새로운 자아가 태어나려면 옛 자아가 죽어야 한다. 그러니 변화란 쉬운 것이 아니다."

또한, 새로운 습관을 만들기 위해서 생물학적으로도 달라져야 한다고 강조한다.

"신경 단위의 새로운 연결이 발아해야 하고, 매일 새로운 방식으로 생각하고 행동하기로 의식적으로 선택함으로써 그 연결을 굳혀야 한다. 그리고 같은 경험을 습관이 될 때까지 반복하는 방식으로 이 연결을 강화시켜야 한다. 의식적인 꾸준함으로 길고 어두운 밤이 지나고 새벽이 다가올 것이며, 불사조가 잿더미 속에서 다시 살아날 것이고, 새로운 자아를 발명할 것이다. 새 자아의 육체적, 생물학적 표출은 말 그대로 다른 사람이 되는 것을 의미한다. 진정한 변화란 바로 그런 것이다."

즉, 습관을 무의식적인 자아라고 표현하며 이는 의식적 변화와 생물학적 변화를 의미한다. 습관의 무서움과 힘을 표현한 글이다. 기존 습관의 무의식적인 요구 대신 새로운 습관을 만들려면 의식이 필요하고 반복이 필요하며 꾸준함이 필요하다는 것이다. '무슨 일이든 꾸준히 하면 갑자기 변화되는 시기가 온다'라는 말처럼 새로운 습관의 연결을 꾸준히 강화시켜야 비로소 무의식, 즉 자동화 영역으로 자리 잡힐 수 있다.

조 디스펜자의 글을 다시 상기해보자. "매일 새로운 방식으로 생각하고 행동하기로 의식적으로 선택하여 연결을 굳혀라. 새로운 자아, 새로운 무의식은 다른 사람이 되는 것을 의미한다. 진정한 변화란 바로 그런 것이다." 그렇다. 진정한 변화는 내적인 변화에서 시작된다. 내적 변화를 위해 자신에게 플라시보를 걸어라. 반복적인 자기 암시로 자신의 생각을 제어하라. 생각을 제어한다는 것은 곧 자신을 제어한다는 것이다. 즉, 자신이 자신을 관찰하고 제어하는 도구인 하루 복기와 메타인지로 내적인 변화를 시작하는 것이 핵심이다. 이것이 곧 새로운 연결을 굳히는 습관의 시작이고 새로운 자아, 새로운 무의식으로 다른 사람이 되는 진정한 변화의 시작이다.

자신을 딥러닝하라

'오늘이 마지막인 것처럼 살아라'라는 말의 의미는 오늘 가장 소중한 것, 자신에게 가장 필요한 것을 먼저 하라는 의미다. 본능을 자극하는 말이다. 우리는 매일 아침에 일어나고 매일 저녁에 잠을 잔다. 이 사이클은 변함없는 패턴이며 습관이다. 이 주기 내에 자신의 모든 것을 걸어라. 오늘 하루다. 필요한 것은 마음가짐과 행동이다. 할 수 있다는 자기 신뢰, 이미 달성되었다는 자기 암시로 본능을 자극하라.

그러나 생각, 자기 암시의 중요성도 인지했고 행동으로 아웃풋을 내보지만 답답한 것은 발전, 변화 속도가 느리다는 것이다. 작심삼일의 함정으로 소비적인 예전의 습관으로 되돌아가는 이가 대부분이다. 되돌아가면 채워가고 있던 물이 다시 빠진다. 원점이 된다. 다시 채워야 한다. 물이 다 차야 넘치듯, 100도가 되어야 끓듯이 일정 기간 임계점 돌파가 필요하다. 계속하지 않으면 결코 임계점을 넘어 점프할 수 없다. 습관의 무서움과 효과는 이미 알고 있다. 그 관성력과 추진력을 쉽게 포기하지 마라. 모든 결과는 행동이고, 행동은 생각이라 했다. 생각을 컨트롤해야 결과가 보장되며 **이 생각 컨트롤에 필요한 것이 바로 '메타인지'와 '하루 복기'라고 강조했다.**

항해 중 벗어난 1도는 전혀 다른 목적지에 도착하게 하는 원인이다. 하루에도 수십, 수백 번 흔들린다. 목표에서 벗어나지 않도록 흔들리는 자신을 바로 세워야 한다. 오늘 하루가 어떠했는지 하루 복기로 자신을 관찰하고 하루에도 수없이 발생되는 예상치 못한 문제와 중요한 선택의 문제를 풀어가는 데 메타인지, 즉 자기 관찰을 습관화해야 한다. 이것을 반복하라. 이것이 자신을 딥러닝하는 도구다.

인공지능(AI)은 주어진 인풋으로 학습한다. 학습한 결과를 판단하여 재학습한다. 딥러닝을 반복한 AI는 유의미한 아웃풋을 뽑아낸다. 지식과 경험을 겸비한 인간보다 우월한 결과를 뽑아내기도 한다. 이미 여러 분야에서 앞서가고 있다. 우리도 학습한다. 인풋 재료는 차고 넘친다. 각자 모두 목표가 있고 욕망이 있다. 원하는 목표까지 가기 위한 도구로서 양질의 인풋 못지않게 중요한 것은 끊임없이 학습하는 것이다. **그 도구가 바로 '하루 복기'와 '메타인지'고 이것이 하루를 위한 자신을 '딥러닝'하는 도구다.**

마지막으로 강조하고 싶은 것은 '질문'이다. '오늘 하루를 어떻게 시작할지? 오늘 하루는 어떠했는지?' 자신을 향해 질문하라. 모든 변화의 시작과 끝은 질문에서 시작하고 질문으로 끝난다. **하루 복기와 메타인지도 결국 자신에게 던지는 질문, 자신과 대화하는 질문이다. 이것이 변화의 시작이자 하루를 완성시키는 습관의 최고 도구다.**

행운을 빈다!

자기 플라시보와 딥러닝

✦ '세상에 변하지 않는 것은 없다'라고 말하지만 주변에 변한 사람은 그리 많지 않다. 씨름에서 상대를 넘어뜨리려면 자신이 먼저 넘어져야 한다는 말이 있는 것처럼 '세상을 변화시키려면 자신부터 변해야 한다'라는 앞서간 이들의 말이 있다. 비록 세상을 변화시키지 않더라도 자신을 위해서 자신의 변화가 필요할 것이다.

✦ 그 변화를 위해 자신의 생각에게 플라시보를 걸어 자기 암시를 반복하라. 자신을 관찰하고 제어하는 딥러닝을 반복하여 변화와 성장을 시도하라.

✦ 그 첫발이 '하루'다! 하루는 변화의 기본 단위이자 습관을 만드는 기본 단위다. '오늘 하루만이라도 제대로 잡으면 일단 성공이다. 자신을 쓸데없는 자극, 소비적인 노이즈에 노출시키지 마라. 자신이 무질서해지도록 놓아두지 마라. 오늘 하루를 놓치면 실패다'라는 적극적인 의식으로 끊임없이 자신과 대화하고 자신에게 질문하라. 자신을 관찰하고 컨트롤하는 주도적인 의식과 행동, 이것이 전부다.

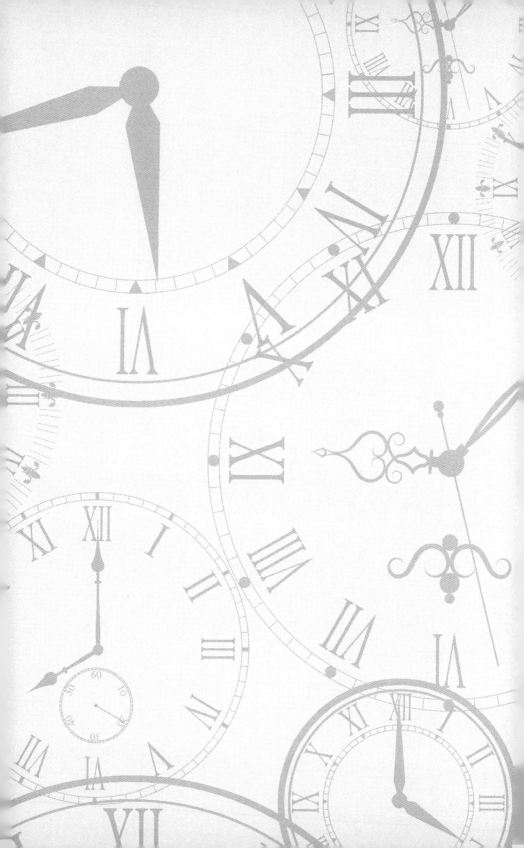

오늘의 1시간은 내일의 2시간이다

필자가 계획을 실천하면서 가장 뼈저리게 반성했던 것은 내일로 미루었던 경험이다. 10분, 30분, 1시간 등 오늘의 계획을 실천하지 못하고 게으름으로 미루는 자신을 돌아볼 때 모든 것이 귀찮아지고 지식의 무의미함을 느꼈다. 이미 본문에서 밝혔듯이 오늘 미룬 시간은 내일 2배 그 이상의 가치다.

휴일에 대해서도 생각해본다. 휴일이라는 단어에는 재충전, 여유로움, 달콤함 등의 어감이 있는 반면에 휴일에 제어당하는, 이미 지고 시작하게 하는 느낌도 든다. 어제와 같은 오늘인데 삶의 연속성을 떨어뜨리는 브레이크가 걸리는 느낌이다. 휴일에 대한 계획도 대단히 중요하다. 한 주의 완충 역할과 복기 역할도 한다. 또한 평일과 달리 자신에게 많은 시간을 투자할 수 있는 날이기도 하다. 가끔은 주말이나 휴가 때 하루 15시간 몰입(독서)의 경험을 한다.

물론 이보다 더한 몰입의 경험을 해본 독자들도 많을 것이다. 아직이라면 하루라도 좋다. 어떤 한 가지 대상으로 하루를 꽉 채우는 하루 집중의 경험을 해보길 적극 추천한다. 15시간 집중을 경험해보면 2~3시간 집중은 상대적으로 수월해지는 효과가 있다. 또한 잠자리에 들 때면 그날 하루에 대해서 뿌듯함, 성취감, 자신감, 가능성 등등 수많은 생각이 교차된다.

사색에 대해서도 생각해본다. 30분에서 1시간 정도 자신에 대해 생각하고 관찰하는 시간을 꼭 가져보길 권한다. '나는 누구인지? 무엇을 하고 싶은지?' 등 반드시 자기가 자기를 관찰해보는 시간을 갖길 권한다. 비록 뚜렷한 답을 구하지 못하더라도 사색하고 관찰하는 그 과정만으로도 큰 가치가 있다.

마지막으로 덧붙이자면, 단 한 권의 책이 큰 변화를 주지는 못할 것이다. 소통과 공감이 목적인 이 책이 삶의 변화에 단초가 될 수 있다면 작은 역할을 했다고 본다. 책이 출판되기까지 도움을 주신 모든 분들과 양질의 도서를 집필하여 많은 것을 배울 수 있게 해주신 작가님들께 감사드린다.